滄海叢刊

儒學傳統與文化創新

黃俊傑 著

1986

東大圖書公司印行

中華民國七十二年二月初版
中華民國七十五年八月再版

© 儒學傳統與文化創新

基本定價 叁元叁角叁分

著作者 黃俊傑
發行人 劉仲文
出版者 東大圖書股份有限公司
總經銷 三民書局股份有限公司
印刷所 東大圖書股份有限公司
臺北市重慶南路一段六十一號二樓
郵撥：〇一〇七一七五—〇號

行政院新聞局登記證局版臺業字第〇一九七號
著作權執照臺內著字第二〇七九〇號

關於人文學術研究的幾點初步思考

——代序

一

在世界史上，中國歷史傳統具有若干迥異於其他古文明之重大特徵，其中最顯而易見者殆爲中國歷史發展中所涵蘊之强烈的文化取向性格。由於此一文化取向之性格，所以國史所見知識份子在歷代興衰變革之進程中每扮演重要之角色。從中國歷史的經驗來看，中國知識份子自春秋戰國初次出現於歷史舞臺之時即已發展了一種羣體的自覺，而以文化傳統的承先與啓後自任。傳統中國知識份子所懷抱的這種文化傳統成爲他們安身立命，證成生命價值的根據，也是他們賴以批導現實的基礎。這一種建立在文化傳統之上的知識階層在近百年來國勢陵夷的變局中遭遇了空前未有的挑戰。論者屢謂，傳統知識階層之崩潰實爲近百年來國史所見之重要現象。錢賓四先生近日嘗著文檢討此一現象云：「中國之士則自有統，卽所謂道統。此誠中國民族生命文化傳統之獨有特色，爲其他民族之所無。……如何使士統之復興，此則我國家民族大生命之特有精神之所在，所尤當深切考慮討論者」（見氏著，「中國文化傳統中之士」，臺灣日報，民國七十年九月廿八日）。賓四先生鴻文縱論國史數千年中士之傳統而歸結到士統之復興，其言寓有深意，其所指陳者亦爲當前文化建設中之根本問題，最値吾人深思。

二

從中國歷史之經驗觀之，知識份子雖不必以敎書爲職業，但知識學術及文化之傳承發揚畢竟爲知識份子生命之所寄，此於近代爲尤然。故居今日而論士統之復興則不能不自人文學術研究之方向及風氣始。

尤有進者，近百年來中國社會經濟政治皆經歷「三千年未有之大變局」，社會之基礎由農村一變而爲都市；經濟則由農業而爲工商；政治則滿淸王朝覆亡，民國肇建。在此種歷史變局之下，近百年來之學術研究亦頗見道術多變之局面。故就近代史之立場言，吾人欲思考知識階層傳統轉化之問題亦必須自人文學術研究之問題始。

就學術史之立場觀察，近七十年來中國人文學術及社會科學研究至少呈現二種引人注意之現象。一是學說之摶成多見依傍門戶，援引外來新說，少見別識心裁，自作主宰。清儒章學誠（實齋，一七三八——一八〇一）嘗云：「學問不求有得而矜所託以爲高，王公僕圉之類」（文史通義，「說林」），此語竟不幸而成爲民國以來人文及社會科學學術研究現象最諦當之描寫。

此一現象在民國學術史上屢見不鮮。就哲學史研究言，民國以來學界前輩援引歐美實驗主義，或新實在論之學說以闡釋中國哲學，其說雖不無新意，然因與中國哲學多不相契，故每爲識者所不取，頗招方枘圓鑿之譏。就史學研究言，近代史學工作者或以蒐羅史料考覈眞僞爲史學研究之全部內容，大力引介歐美史學界之新說，而對中國傳統史學之矩矱則撻伐不遺餘力。民國以來人文學術研究之方向固有不同，然其所呈現勇於趨新而怯於承舊之風潮則甚爲一致。欲求趨新則又必以援引歐美學界新說爲其捷徑，故論述雖多，但自作主宰之論著並不多見。

這種學術病態在社會科學方面之論著尤爲深切著明。中國知識界正視現代社會科學之重要性當自中日甲午之戰（一八九五年）始。甲午之役日本以蕞爾小國一舉擊敗大清帝國，此一變局乃使中國知識份子心神之所關注從堅船利礮轉向政治制度，康梁變法於焉出現，而社會法政諸學亦一併而獲國人之注意焉。一八九八年，嚴復（又陵，一八五三——一九二一）譯斯賓塞（Herbert Spencer, 1820-1903） *A Study of Sociology* （此書寫於一八八三年）爲《羣學肄言》，此爲中國學界正式譯介西方社會學之濫觴。一九〇二年，章炳麟（太炎，一八六四，十二、廿五——一九三六，六、十四）譯日本學人岸本能武太所著之《社會學》爲中文，爲中國學界正式使用「社會學」一詞之開始。然自甲午以降，近百年來社會學在吾國學界之發展多見「橫面之移殖」，少見「縱面之傳承」。換言之，中國社會學家多長於紹述歐美社會學之新說，而拙於落實此類新說於中國社會文化背景之中，故流風所及，社會學家所研究之問題多爲歐美學界所關切之問題，或歐美社會問題之餘緒，外國風行某種問題之研究，則若干時日以後，國內必有同類研究興起，此種研究之哲學基礎蓋建立在人類社會之「普同性」而忽視中國社會傳統之「特殊性」。其長處在此，然短處亦伏因於此。此類研究缺陷之彰然著者，尤在於本國社會學者一點一滴心血之努力，其最大作用僅能爲歐美社會學大師之理論體系作零碎的補苴、闡釋、修正之工作，而未能就中國社會之特質摶成理論體系。故此種研究工作之價值多爲邊緣性而非主體性，易流爲支離功夫而不能建立易簡體系。故其負面意義實多於正面價值。上述之現象不僅見於晚近社會學界，實際上在經濟學、政治學乃至其他社會科學之分科領域中亦屢見不鮮。職是之故，近年來國內社會科學界人士起而呼籲「社會科學研究的中國化」實具有深刻之學術意義。

近代人文及社會科學研究第二個顯著的現象是實證主義學風之流行。自清末以降，國勢蜩螗，道器多非舊觀，國人身處歷史鉅變，飽受危機意識之驅迫，求國族之富强乃成爲全民一致之希望。而歐西實證主義之思潮適時傳入，風雲際會，乃大行於吾國學界，在此種學風影響之下，近數十年來，人文及社會科學工作者析論人文社會現象多就其具體而有數字可按之途徑契入，無形中遂假定凡非經由經驗的、實證的工具量度而建立之學說卽不可信、不可取。民國以來，在此種羣趨經驗研究及實證研究的學風之下，人文學術及社會科學研究之範圍乃日趨狹隘。末流所至不免有見樹不見林之弊病。舉目所見，人文學術乃有「非人文化」之趨勢，而社會學直不啻「實證社會學」之同義語矣。近數十年來學界所見各形各色之「化約主義」、功利主義、實用主義之發展均與此一現象有直接或間接之關係。

此種過度之實證主義學風最可商榷之缺陷在於其無力掌握屬於文化系統或社會系統中價值層次之現象及問題。任何一個文化或社會傳統固有其表現爲日常生活之具體現象（所謂「形而下者謂之器」），然亦有其博厚高明之層次（所謂「形而上者謂之道」）。前者泛指人類生活中食衣住行等具體行爲；後者則涵蓋宇宙觀、價值觀、人生觀等抽象超越之系統。從人類文化史之經驗看，後者之重要性絕不下於前者。故實證主義研究途徑重前者而輕後者，甚至譏嗤有關價值系統之研究成果爲「玄學」，此不論就現代學術研究（如文化人類學等學科）之立場言，或就中國之學問傳統力求在「道中庸」與「極高明」之間求平衡之立場言，均可視爲偏頗之學風，所見不僅未能見文化系統之全貌，而且未識其小先失其大，誠所謂得不償失也。

三

上文試論近數十年來人文學術及社會科學研究之二大問題：一曰勇於趨新怯於承舊；二曰特重實證忽視價值。吾人進一步探索所以致此之由，其原因固複雜萬端，不可一語概括，然不論內在或外在之因素似均與傳統文化意識之衰落互有關聯。就近代中國知識份子割裂傳統之表現觀之，吾人如謂近代知識份子多係傳統中國文化之異鄉人似不爲過。以下試再進一步闡釋此一論點。

筆者嘗於別文指出，通觀中國文化史之常例，不僅創發性之思想家或歷史人物皆因能因襲乃能創新，國史上大部份在文化上有重大發展之時代亦莫不因襲舊文化，求其變通，致其中和，並以此爲基礎開創新文化，寓開來於繼往，守先以待後也。舉例言之，朱子畢生遍注羣經，結集《四書》爲之集註，並以《四書》取代《五經》之地位，對近七百年來東亞儒學思想史影響至深且鉅。吾人如就朱子學術之內容試作分析，則可發現朱子之所以能爲公元十三世紀以下中國思想史上舉足輕重之思想家乃因朱子能因襲舊學，綜羅漢魏先儒以迄北宋諸老先生之訓詁經義於一爐而冶之。朱子治學貴能因襲，故能創造，其學術尅就南宋以前之儒家言爲融舊鑄新，然就南宋以後之儒學傳統言則爲開宗立範也。再如漢代文化之所以成爲吾國文化史上之一重要階段，實因漢人既能整理先秦百家學說之不齊，又能囊括大典，網羅衆家，一門之中衆說兼採，一流之中門戶互殊，以此開創學術思想之新局面也。其中最具代表性之人物當推鄭玄（康成，公元一二七——二〇〇）。康成畢生所努力者在於「念述先聖之玄意，思整百家之不齊」的名山事業，吾人於此最能窺見新舊交融之消息。

準此以論，中國學術史及文化史所啓示於吾人者殆在於：因中國歷史傳統寓有強烈之歷史延續性，故一切人文學術之研究必先能守舊而後才能開新。近數十年來之人文社會科學界正因對傳統文化過於淡漠，故學人立說多不能植根於傳統社會文化之基礎。因爲不植根於傳統故不免於依傍門戶，襲取外來新說，觸目所及多見橫面之移殖而少見縱面之繼承。因爲學者多勇於襲取紹述外來新說，故其對本國文化及社會之研究多成爲歐美大師之一註釋，而不能就本國文化社會之基礎自立門戶，並進而對外來新說有所匡正輔益也。

尤有進者，因對傳統文化之隔閡，故近數十年來之人文社會科學研究乃極易羣趨實證主義之陷阱而不自知。中國文化涵蘊極其豐沛之博厚高明的價值哲學傳統，故表現而爲史學則特重褒貶，明辨賢奸；哲學則特重安身立命，文學則特重載道功能。此種豐沛之價值傳統實建立在人文主義精神之上。近數十年來，因爲傳統中國文化意識之衰落及此種人文主義精神之不彰，學者析論人文社會現象亦不免遺其超越之價值層次而專論其形而下之表象，故實證主義學術風潮乃得以大行其道，不能免乎求「跡」而忘「本」之弊病也。

本文討論至此，吾人所欲揭櫫之理想已豁然呈現，此即是：植根於中國文化中重視人文精神的學術傳統，以開創學術研究工作的新局面。一切人文社會科學之論述如能植根於中國文化之傳統，則必不流爲橫面之移植而能進而爲縱面之繼承，並寓開來於繼往。

學術研究之所以必欲植根於中國文化傳統可自兩方面略作思考。就中國文化傳統之橫切面言，由於此一傳統中豐沛的人文精神及價值哲學之流注，近之可就實證主義之流風有所匡正，遠之則可爲學術工作者提供一可大可久的安身立命之根基。就中國文化傳統之縱剖面而言，由於此一傳統具有源遠流長的歷史生命，故能爲人文及社會科學研究提供廣袤之視野與深邃的歷史經驗，使一切的學術論述皆有豐富的參考印證的資料。故吾人所主張人文學術研究之回歸中國文化傳統不僅有其學術史上之理由，蓋亦有其理論上之原因也。

知識階層傳統之復興實爲當前及未來中華民族之重大課題。而知識階層之復興則必以知識及學術傳統之挺立爲其前提。本文僅就人文學術研究一端就知解所及略作討論，試擬若干初步論點，期待明日的人文學術研究更見蓬勃豐碩，綻放異彩。

民國七十年十一月十二日初稿

民國七十一年十月十日修訂

於臺灣大學

目次

關於人文學術研究的幾點初步思考
——代序……………………………………一
一、儒學傳統中道德政治觀念的形成與發展……………一
二、從朱子《孟子集註》看中國學術史上的注疏傳統…四三
三、東亞近世儒學思潮的新動向
——戴東原、伊藤仁齋與丁茶山對孟學的解釋……七七
四、蕭公權與中國近代人文學術……………………一〇九
五、儒學傳統與中國文化的創新（蕭公權口述）……一四九
六、歷史教育與歷史意識的培育……………………一五九
七、史學、社會學與社會科學研究的中國化……………一七一
八、從中國文化史立場試論當前文化建設之意義與
方向……………………………………………二一三

一、儒學傳統中道德政治觀念的形成與發展

一、序論：儒家思想系統中的道德、政治與知識

從一個比較廣泛的視野來看，中西文化的差異固然不止一端，但是其中至少有一項重大差別值得我們注意：相對於西洋文化以人神關係爲其中心問題這個現象來說，中國文化傳統的主要問題主要落實在人與人的關係這一個問題之上。這項差異在中西經典作品中最能透露其消息。所謂「西洋文化」當然是一個籠統的共名，它在時間序列上包含着許多不同的精神泉源，而希臘羅馬傳統及猶太基督敎傳統尤爲其犖犖大宗，因此我們可以就此二大傳統試作觀察。在希臘傳統裏，荷馬（Homer）史詩《伊里亞德》（*Iliad*）及《奥廸賽》（*Odyssey*）中神的意志不斷地影

響人的命運，宗教世界與人間秩序是密切相關的；西元前第六、第五世紀悲劇作家艾斯奇勒斯（Aeschylus, 525/4-456B. C.）筆下《普羅米修士的束縛》（*Prometheus Bound*）及索福克里斯（Sophocles, C. 490-406B. C.）的《伊底帕斯王的悲劇》（*King Edaepus*）等作品中，人神關係始終是一個重要的主題。在猶太基督教傳統中，《新舊約聖經》均以人神關係爲其中心問題，中古時代奥古斯汀（St. Augustine, A. D. 354-430）亦以「上帝之城」與「人間之城」對擧，並以前者統轄後者。甚至降及近代，在哥德（Johann Wolfgarg von Goethe, 1749-1832）筆下的《浮士德》（*Faust*）裏，上帝與人的關係一直是一個主題。但是反觀中國的情況則大不相同。在中國傳統裏，人與超自然的關係一直不居於主要地位。反之，自春秋時代以降，人與人的關係才是中國人一貫關心的問題。孔子（公元前五五一——四七九年）畢生思考的問題皆以人爲中心，孔子不談關於怪力亂神之類超自然的現象，❶莊子（約公元前三九九——二九五年）也有「六合之外聖人存而不論」❷的說法。

我們可以說中國傳統乃是一個以人爲本的文化，是一個人本主義的文化，所以它的根源問題落在人與人的關係這個問題之上。它所關心的是現世而不是來世的生活。由於中國文化具有這項特質，所以中國的思想傳統也表現出一種極其强烈的社會政治取向——一切的思想都落實到當下

❶《論語集註》（四部備要本），卷四，「述而第七」，頁五，上半頁。

❷郭慶藩，《校正莊子集釋》（臺北：世界書局，民國六十三年），卷一下，「齊物論第二」，頁八三、

即是的人生及社會現實來談。先秦諸子皆思以其學易天下，固無論矣。即以漢儒之注經，宋儒之言心性、言格物致知，亦莫不以平治天下爲其最終鵠的。對人生現實問題的注重，使中國思想富於人文主義的色彩。儒家的倫常，法家的法術勢，墨家的兼愛，皆爲人生問題尋求妥善的安排，就是高唱逍遙自適的老莊也絕未忽視「應帝王」的問題。中國各派思想家安排人生問題的具體方案。固然因立場之不同而衍生出人治、禮治、法治之差異，但對於人生社會當前問題的重視則完全相同。法儒白樂日（Étienne Balazs, 1905-1963）說所有的中國哲學皆是卓越的社會哲學，❸理由即在於此。

以上所說的這種社會政治取向，在儒家幾千年的思想傳統中表現得最爲深切著明。自從孔子以後，歷代儒家一面苦思冥索生命的淨化與純化的問題，一面又以大無畏的剛健氣象面對人生的憂患，承擔人間世的一切社會政治現實問題而求其解決安排之道。因此，中國儒家對於環繞着人的「自我」（Self）的各種層次的問題都有非常深刻的反省分疏。如果純粹從理論層次來看，我們可以說人的活動至少有三個不同的方面：知識人、道德人及政治人。就人探索眞理的生活言，人是知識人；就其對「善」的實踐言，他是道德人；就人類對羣體生活的安排而言，則人又是政治

❸見：Étienne Balazs, "Political Philosophy and Social Crisis at the End of the Han Dynasty", in H. M. Wright tr., *Chinese Civilization and Bureaucracy* (New Haven: Yale University Press, 1964), p. 195.

人。人類活動的這三個方面與「自我」的三個方面——「認知我」、「德性我」、「政治我」——互有關聯。從人類歷史上的實際經驗來看，人間活動與「自我」的這三個方面常有某種程度的不相容性，例如：公元前三九九年，古希臘大哲蘇格拉底（公元前四六九——三九九年）被雅典法庭判處死刑。在柏拉圖(約公元前四二九——三四七年)筆下，蘇格拉底在臨死之前的證道之言中就曾指出道德與政治之差距，蘇氏說：「一個憑良心為正義而奮鬪的人，那怕他只想活上一段短暫的時間，也非要退縮獨處不問政事不可。」❹孔子畢生栖栖遑遑，希望得君行道以便在政治上實踐其道德信念，但終不免有「道不行，乘桴浮於海。」❺之嘆。歷代儒家雖然認識到「德性我」「政治我」與「認知我」三者間在現實上的緊張性，但是，他們仍正面承擔這個問題並力持三者不可分割的主張。在儒學傳統的大經大脈之中，知識、道德與政治三者間的關係是歷代儒者思考問題的一個通貫性主題。從傳統儒家的立場看來，道德是人之所以為人的內在根本，知識則是他的外在憑藉，政治則是他由內通向外，用道德與知識來美化人間的途徑。我們如果用春秋時代的人的說法，則「道德」所以「立德」，「知識」所以「立言」，「政治」所以「立功」，同為人

❹見：Plato, *Socrate's Apology*, tr. by Hugh Tredemnick (Princeton: Princeton Univ. Press, 1978), 314-32, p.17.

❺《論語集註》，卷三，「公冶長第五」，頁二，下半頁。

間之三不朽的盛業❻；用宋儒的話來說，「道德」是「體」，「知識」是「文」，「政治」是「用」。北宋儒學大師胡瑗（安定，九九三——一〇五六）開帳授徒，立「經義」與「治事」二齋，教授諸生不僅疏通其心性，更開拓其器局使之可任大事，以使學生體用爲一，政學不二。北宋神宗熙寧二年（一〇六九）胡瑗高弟劉彝（執中，一〇一七——一〇九八）答神宗問胡瑗與王安石（一〇二一——一〇八六）孰優的一段話最能體顯傳統儒學中知識、道德與政治三者間之區分：❼

> ……臣聞聖人之道，有體、有用、有文。君臣父子仁義禮樂歷世不可變者，其體也；詩書史傳子集垂法後世者，其文也；舉而措之天下，能潤澤斯民，歸于皇極者，其用也。

雖然在理論上我們可以把儒學傳統的主要方面區分爲三個項目，但是歷代大儒絕不把三者視爲各自獨立的敵體。相反的，儒者都十分强調三者間密切的相關性。

何以傳統儒家會特別重視道德、知識與政治三者間的緊密相關性呢？對於這一個大問題，我們必須從中國思想傳統的特質說起。清儒章學誠（實齋，一七三八——一八〇一）曾說：「古人

❻《左傳》（十三經注疏本），襄公二十四年。
❼黃宗羲，《宋元學案》（臺北：河洛圖書出版社，民國六十四年三月台景印初版）卷一，『安定學案』，頁二十六。

未嘗離事而言理」❽，實齋之言雖是針對他的「六經皆史」理論而提出的，但是這句話却很可以借用來說明中國思想傳統的特徵。從歷史上看，我們可以淸楚的發現，中國文化極爲重視個體與羣體之關係，「個體應爲羣體服務」尤爲中國知識份子一貫的信念。這個信念尤爲儒者所秉持，生死以之。從思想史上所表現的事實來看，我們可以說，中國儒學傳統未嘗離事而言理，儒家常把屬於「內聖」範疇的知識與德行的問題置於「外王」（即「用」、即權力的運作）的脈絡中來反省。《論語》述而篇云：「子所雅言，詩書執禮，皆雅言也」，朱注：「皆切於日用之實，故常言之」❾。所謂：「我欲載之空言，不如見之於行事之深切著明也」，這正是孔孟以降中國儒家一貫的立場。儒者要使他們的信念「見諸行事」，則必須把「知識」與「道德」和「權力」三者緊密接榫始有可能。因此之故，「知識」、「道德」與「政治」在儒學傳統中就緊密地結合爲一。而由這種結合之中也具體地反映出儒學的根本特質在於成己成物不二，體用不二，內聖外王不二。儒家一貫的認爲，人的生命有內在之善；內在之善擴充至極的境界是人格發展的最高目標，實現此一目標的人格謂之「仁」或「聖」。理想的社會乃是合乎倫理原則的人際秩序（以生活豐足爲前提），此一理想之完成端賴政治領導者個人底資質，他具有影響整個政治、社會系統的動

❽章學誠，《文史通義》（臺北：華世出版社，民國六十九年九月初版），內篇一，「易敎上」，頁一。
❾《論語集註》，卷四，「述而篇」，頁四，下半頁。

能。因此，「仁」、「聖」執政是眞正有效解決政治、社會問題的途徑，治國平天下的關鍵在個人底道德修養。以上先秦儒家這個「內聖外王」的觀念牽涉到許多理論上的及實際上的問題，伏下日後儒家政治思想的許多困局，這一點當代學者已有詳細分疏，⑩我們不再贅及。

本文寫作的目的並不在於對「內聖外王」觀念作橫切面的分析，而是希望透過思想史的角度，對儒者所面臨的「內聖」與「外王」的抉擇這個問題的理論背景——道德與政治的關係——作一個縱剖面的觀察，試圖釐清在儒家思想史上道德與政治這兩大理念之間關係的發展。

二、先秦儒家「道德政治」信念的創發及其轉折

從思想史的立場來看，先秦儒家一貫强調道德與政治之絕對相關性，孔子孟子（公元前三七一——二八九？年）尤其認爲「道」尊於「勢」，他們都主張以道德的修爲來提昇政治的境界。這種「道德政治」的理想由孔子提出，孟子發揮而充實之，至荀子（約當公元前二九八——二三八年）而經歷一大轉折，政治之力量凌駕道德力量之上。這是第一個階段；秦漢一統帝國的出現是

⑩參考：陳弱水，「『內聖外王』觀念的原始糾結與儒家政治思想的根本疑難。」《史學評論》第三期（民國七十年四月），頁七九——一一六。

中國歷史一大變局，也是思想史上「道德政治」此一觀念開始在現實政治的挑戰之下，進入一個新階段的轉換點。大致說來，從漢代到唐末這一段期間，歷代儒者對「道德政治」這個先秦孔門理想的反省普遍都很看重政治的力量，認爲政治是實踐道德信念的不二法門，而儒者的道德修爲也必須在政治事業中覓其落實之點。這是第二個階段；但在歷經五代的紛亂歲月之後，北宋以下的儒者又重新提起以道德提昇政治的信念，開始回過頭來重視道德的優先性，認爲德行是善政的基礎，朱子（一一三〇——一二〇〇年）以及許多宋儒論政的言論正可視爲這個大反省以後的一種表現。這是第三個階段。在以下的篇幅裏，我們就以時間先後的順序來進一步討論以上的觀察。

從《論語》的記載看，孔子對知識、道德與政治三者的反省顯然是以道德爲三者中最重要的環節。孔子說：「知及之，仁不能守之。雖得之，必失之」⑪，他顯然認爲內在德行的修持要比外在知識的追求更加重要。所謂「知」，在孔子看來就是「知人」⑫。道德是人間活動的第一義，所以孔子心目中的「君子」乃是成德之人，但此一成德之人並非以「修己以敬」，獨善其身爲已足。相反的，「君子」必須做到「修己以安人」「修己以安百姓」的工夫⑬。而由「內聖」

⑪《論語集註》，卷八，「衛靈公第十五」，頁六，上半頁。
⑫《同上書》，卷六，「顏淵第十二」，頁十五，上半頁。
⑬《同上書》，卷七，「憲問第十四」，頁十六，下半頁。

通向「外王」則必須有政治之活動以為憑藉。孔子說：「政者，正也。子帥以正，孰敢不正？」⑭正是從道德之提昇政治這一點而說的。簡言之，孔子不僅以道德通貫知識，更以道德提昇政治，他所提倡的是一種「道德政治」。⑮

孔子所提出的「道德政治」的理念在思想淵源上是承繼西周初年人文精神躍動之後所出現的畏天威重人事的敬德觀念而來的。周初的這種天命無常論強調政治與道德的關聯，基本上是整個古代中國從宗教到哲學的過渡歷程中的一個重要環節。⑯但孔子並不是只有因襲，他是在承繼舊學的基礎上別開新局。就孔子的思想體系而言，與「道德政治」的理念構成有機結合關係的則是「仁」與「禮」這兩個觀念，而「仁」的意義在「禮」之中尤為彰顯。⑰

⑭《同上書》，卷六，「顏淵第十二」，頁十三，下半頁。

⑮近人嘗就比較思想史立場指出，整個東亞地區的思想史共同呈現一個「道德宇宙」("Moral Universe")之特質，其說極是。此種以德行為人間活動的第一義之看法，在孔子之時已豁然呈現。參考：Tu Wei-ming, "The Moral Universe from The Perspectives of East Asian Thought," *Philosophy East and West*, 31 : 3 (July, 1981) p.260-267.

⑯近人對這個問題曾作精當的疏解，見：饒宗頤，「天神觀與道德思想」，《中央研究院歷史語言研究所集刊》，第四十九本第一分（民國六十七年六月），頁七七－一〇〇。

⑰參看：Tu Wei-Ming "The Creative Tension Between *Jen* and *Li*," *Philosophy East and West*, 18 : 1-2 (Jan,-April, 1968.), pp.29-38.

「仁」這個字雖非始見於《論語》，但是，「仁」的哲學意義則無疑的是由孔子所創發。原來，在殷代及西周文獻中並無「仁」這個字，東周以後雖有「仁」字，但是不但不成爲一種學說，而且含義也混而不定。至孔子以後，仁的含義擴大了，幾已包括了人類全部的美德，成爲作人的最高原則。⑱

《論語》全書中，「仁」字共出現一百零五次，《論語》書中論仁的經文共有五十八章。⑲仁的出發點是在人際關係，清儒阮元（伯元，一七六四——一八四九年）就從這個觀點來解釋「仁」的意義。⑳但是，媢果只從人倫關係來解釋孔子的仁似乎仍不能完全把握孔子的仁所蘊含的形上意義。所謂：「我欲仁，斯仁至矣」㉑，仁的意義實在有超乎人際關係之外者。已故徐復觀

⑱參考：屈萬里，「仁字涵義之史的觀察」，收入：氏著，《書傭論學集》（臺北：臺灣開明書店，民國五十八年），頁二五五—二六七；Lin Yü-sheng, "The Evolution of the Pre- Confucian Meaning of *Jen* 仁 and the Confucian Concept of Moral Autonomy," *Monumenta Serica*, Vol XXXI (1974-75) ,pp.172-183.

⑲見阮元，「論語論仁論」，收入：氏著，《揅經室集》（四部叢刊本），三，卷八，頁一，上半頁—下半頁。

⑳同上註，阮元說：

元竊謂：詮解仁字，不必煩稱遠引，但舉曾子制言篇：「人之相與也，譬如舟車然，相濟達也。人非人不濟，馬非馬不走，水非水不流。」及中庸篇：「仁者人也。」鄭康成注：讀如相人偶之人。數語足以明之矣。春秋時孔門所謂仁也者，以此一人與彼一人相人偶，而盡其敬禮忠恕等事之謂也。

㉑《論語集註》，卷四，「述而第七」，頁六，下半頁—頁七，上半頁。

先生對這層意義曾有一段解釋。他說：「仁的自覺地精神狀態，卽是要求成己而同時卽是成物的精神狀態。」㉒我們可以說，孔子的仁學不僅是一種普遍性的道德規範，更是一種超越性的精神自覺。在這種自覺中從個人到社會合而爲一，「內聖」與「外王」也不斷爲兩橛。

如果說「仁」是人類主觀的精神自覺，則「禮」可說是客觀的人間秩序。人的精神自覺在這種客觀秩序中落實。在先秦儒家孔孟荀的思想體系中，「禮」這個觀念具有相當重要的份量，《論語》書中「禮」字共七十五見，㉓《孟子》書中「禮」字共六十九見，《荀子》全書「禮」字共三百七十五見。就廣泛的意義而言，先秦儒家典籍中的「禮」，均含有政治意味，是指國家制度、社會秩序及道德標準所賴以建立的客觀基礎而言。㉔或者就另一個角度來說，「禮」實與近代所謂「傳統」或「文化」意義相近，如孔子所說的「殷因於夏禮」㉕，或《左傳》中的所謂「禮也」「非禮也」，均可由此加以把握。「禮」這個觀念的加入使孔子的「仁」學由抽象義取得具體義，得以在現實社會中落實，其具體之表現形式之一則爲「道德政治」。

㉒見：徐復觀，《中國人性論史：先秦篇》，（臺北：臺灣商務印書館，民國五十八年），頁九一。

㉓《論語引得》（北平：哈佛燕京學社，一九四〇年），所列《論語》中的「禮」字計七十三見，但里仁篇「如禮何」及述而篇「孰不知禮」之「禮」字均未計入，恐係漏列。實則，《論語》全書「禮」字應為七十五見。

㉔參考：津田左右吉，《論語と孔子の思想》（東京：岩波書店，昭和三十九年），頁一三三及三五二。

㉕《論語集註》，卷一，「為政第二」，頁十一，下半頁。

孔子最早揭出「道德政治」的理想，但環繞着「道德政治」這個概念尚有許多問題孔子未及細論。這些問題可以分成兩類：第一類是有關人之作爲道德人的內在問題，亦卽人性的本質的問題；第二類是關於道德政治的實踐問題，亦卽是萬一政治淪爲不道德，則人民如何自處的問題。孔子以後，對這二大問題出而作深入的分析並提出卓見的是孟子。孟子從內外兩面充實孔子「道德政治」的內容。就其「內聖」面而言，孟子提出性善，道德心（卽「良知」「良能」）諸說；就其「外王」面而言，孟子主張：㈠、成德之君子當爲政治之領袖；㈡、政治當行仁政；㈢、君臣關係之相對性；㈣、政府爲人民而施設。孟子這一個思想體系統攝內外，囊括物我，自成一個建立於「道德主體」之上圓融的政治思想系統。在這個政治思想系統中，道德是政治的根本，所以孟子對歷代政治的觀察是：「三代之得天下也以仁，其失天下也以不仁。國之所以廢興存亡者亦然。」㉖儒學傳統中道德與政治之密切相關性於孟學系統中最能得其消息。㉗孟子深信道德的

㉖《孟子集註》，卷四，「離婁上」，頁三，下半頁。

㉗關於孟子政治思想，時賢及學界前輩言之已詳，我們在此僅作最簡要的討論。參看：蕭公權師，《中國政治思想史》（臺北：中華文化出版事業委員會，民國四十三年，五十四年），第一册，頁八六—九八；徐復觀，「孟子政治思想的基本結構及人治法治問題。」收入：氏著，《儒家政治思想與民主自由人權》（臺北：八十年代出版社，民國六十八年），頁一一五—一二六；陳弱水，前引文，頁九三—一〇一；拙著，The Rise of the *Mncius*: Historical Interpretation of Mencian Morality, Ca. A.D. 200-1200,"Ph.D. Dissertation, University of Washington, 1980, Chapter I.

修持必然可以提昇政治的境界，他說：㉘

惟大人為能格君心之非。君仁，莫不仁。君義，莫不義；君正，莫不正。一定君而國定矣。

孟子「仁政」（卽「道德政治」）的理論之所以成爲孔子以後先秦儒家「道德政治」觀念發展上的一個新階段，不僅因爲孟學中蘊含着在孔學中已十分明確的「人爲構成說」（Anthropogenic Constructionism），更因爲孟子賦予「道德政治」的哲學予形上學基礎，正視性命天道的問題並探索思辨，摶成體系㉙。因此，我們可以說，孟學乃繼孔學的正統，而努力於以道德力量來提昇政治行爲。由於孟學在「道德政治」這一個大觀念上最能代表孔學之眞精神，所以我們在以後的討論中要以歷代學者對孟學爲例進一步辨析分疏，以考察儒學史上「道德」與「政治」關係的推移。

荀子是先秦最晚出的大儒，他的思想代表先秦時代儒家對「道德」與「政治」的關係思索的一大轉折。荀子在某種程度之內放棄了孔孟以德行批導政治、提昇政治的閎深理想，而開始大力

㉘《孟子集註》，卷四，「離婁上」，頁十一，上半頁，

㉙參考：成中英，「戰國時代的儒家思想及其發展(一)」《中央研究院歷史語言研究所集刊》，第四十本，下冊（民國五十八年），頁八八一—九一二。

提高政治領袖的地位，尊崇國君爲「居如大神，動如天帝」㉚，在荀學體系中，統治者不僅是人間政治權力之最高本源，也是道德裁判的最後權威。如此一來，政治之力量乃上昇而與道德的力量並駕齊驅，甚至超越前進之而成道德的主宰力量，這項轉變就儒學傳統言爲歧出，就中國文化史言則爲極可惋惜的一大轉折。

我們追索荀子在這個關鍵問題上轉折之原因，有根源於荀學思想體系內部的要求者，也有受到政治現實情況變化的刺激者，兩者交互爲因果。先就前者來說，荀子大力抬高政治權威的地位，這種思想與他對人性的看法及其「禮」論有深刻的關係。

荀子所認知的人性，是指人類所共有的生物及生理上的欲求與感受，他說：「凡人有所一同：飢而飲食，寒而欲煖，勞而欲息，好利而惡害——是人之所生而有也，是無待而然者也，是禹桀之所同也。耳辨音聲清濁，口辨酸鹹與苦、鼻辨芬芳腥臊，骨體膚理辨寒暑疾癢——是又人之所常生而有也。」㉛用荀子自己的話說，這種「性」實際上只含有「欲」的作用而不含「慮」的作用。性之中既無「慮」的作用，所以順人之性則社會必亂：「今人之性，生而有好利焉。順是，故爭奪生而辭讓亡焉；生而有疾惡焉，順是，故殘賊生而忠信亡焉；生而有耳目之欲有好聲

㉚《荀子》（四部叢刊初編本），卷十二，「正論篇」，頁一三〇，下半頁。

㉛《同上書》，卷二，「榮辱篇」，頁二十一，下半頁。關於荀子的人性論，參看：張亨師，「荀子對人的認知及其問題」《國立臺灣大學文史哲學報》，第二十期（民國六十年六月），頁一七五—二一七。

色焉，順是，故淫亂生而禮義文理亡焉。然則從人之性，順人之情，必出於爭奪，合於犯分亂理而歸於暴」。㉜於是，荀子把性賦予惡的價值判斷；「人之性惡，其善者僞也」㉝。一切的社會規範皆是外爍而非內在，學習所得而不是與生俱來的：「具禮義者，是生於聖人之僞，非故生於人之性也」㉞。既然一切的文化及價值都是後天習得的，所以荀子勢必要強調外在的權威對素樸的人性的矯治，用荀子的話來說，也就是所謂「禮樂師法」之化，由此而接上荀子的「禮」學。

就整個先秦儒家思想的傳承來說，「禮」之實際意義似經歷如下之三變：孔子之禮，特重禮之精神，孔子企圖以恢復禮的精神來重建僵固化了的西周典章制度，此其一；孟子之禮，强調禮的形式，著重社會活動中揖讓周旋之禮，略近於春秋時人子大叔所謂的「儀」。㉟此其二；荀子之禮，非僅側重禮之外部形式，亦且著重其强制力，所謂「禮者，法之大分，類之綱紀也」㊱，荀子之禮殆幾與法家之法，貌異而實同。此其三。

孔孟荀言禮之三變，不僅與先秦儒家思想之傳承發展互相呼應，而且也與春秋戰國歷史的演

㉜《同上書》，卷十七，「性惡篇」，頁一七一，上半頁。
㉝《同上書》，卷十七，「性惡篇」，頁一七一，上半頁
㉞《同上書》，卷十七，「性惡篇」，頁一七二，下半頁。
㉟《左傳》（十三經注疏本），卷五十一，昭公二十五年，頁七，上半頁。
㊱《荀子》，卷一，「勸學篇」，頁六，下半頁。

變互爲表裏。春秋季世，可說是禮的精神已崩而未潰之時，西周的傳統對一般人的約束力日薄一日，這種世變的趨勢在《左傳》中反映得十分明顯。李玄伯先師曾將《左傳》中史官對其所記關於魯國的史事六十四條的批評加以列表分析，結果發現從魯昭公三十年（公元前五一二年）起至魯悼公（公元前四六四年）爲止，史官對「禮」或「非禮」的史事置其可否的場合只有一次，與在此之前的情形構成鮮明對比㊲。由此可反映出傳統的力量至此已瓦解殆盡，春秋早期那種「不愆不忘、率由舊章」㊳的精神取向至此已不可復識。處於這種「禮」的精神淪喪殆盡的時代背景之下，孔子汲汲以「復禮」爲務可謂用心良苦。到了戰國時代，各國競相發展實力，各思成就其一六王畢四海之偉業，天子淩夷，諸侯放恣，更無復所謂禮矣。孟子强調禮之形式（春秋時人所謂之「儀」），可以視爲在此種時代背景之下退而求其次的一種要求。戰國末年，時人皆有統一的要求與觀念，㊴當時的統治機構又起了根本的變化，官僚制度逐漸形成，國君權威日隆，荀子之「禮」不僅重視形式，亦重視其强制力，乃至於與「法」並無實質上的差別，其主要原因除受荀學隆禮尊君之一貫精神影響之外，與當時時代背景也互有關連。

㊲見：李宗侗，「史官制度——附論對傳統的尊重」，《國立臺灣大學文史哲學報》，第十四期，頁一四六。
㊳《詩經》（十三經注疏本）卷十七，大雅，「生民之什」，「假樂」，頁二，上半頁。
㊴參考：雷海宗，「皇帝制度的成立」，收入：許倬雲師編，《中國上古史論文選輯》（臺北：國風出版社，民國五十五年），頁一七六—一九四。

實際上，不僅荀子的「禮」論與戰國末年的世變相表裏，整個「道德政治」的理念的推移也與古代中國政治權威之由多元走向一元的發展趨勢相呼應。

春秋戰國時代，周室衰微，諸侯紛爭，政治權威由一元走向多元，孔孟皆抱道守貞，畢生努力於以道德制衡權力之濫用。孔子說：「以道事君，不可則止」㊵，孟子更揭出「天下有達尊三：爵一、齒一、德一」的宗旨，以「我以吾義」和齊王的「彼以其爵」相抗衡，提出「將大有爲之君，必有所不召之臣」㊶的結論。這不僅代表了孟學的理想，也部份地反映了戰國時代的現實情況。道德的權威與政治的權威分途發展，所以孟子可以直斥梁襄王「望之不似人君」，以道德的勇氣來提昇政治的境界。

但公元前二二一年，秦始皇一統中國，從此以後，政治權威又從多元走向一元，而政治與道德這兩大力量在歷史的現實情況中又合而爲一。《中庸》第二十八章所言最能得其實情：「今天下，車同軌，書同文，行同倫。雖有其位，苟無其德，不敢作禮樂焉；雖有其德，苟無其位，亦不敢作禮樂焉。」朱子引鄭氏曰：「言作禮樂者，必聖人在天子之位」㊷，「聖人」與「天子」合而爲一，政治之權威亦同時成爲道德之權威矣。

㊵《論語集註》，卷六，「先進第十一」，頁五，下半頁。

㊶《孟子集註》，卷二，「公孫丑下」，頁十六，下半頁。

㊷《中庸集註》，頁二十，下半頁。

三、漢唐儒者對「道德政治」的思考

公元前二二一年，秦始皇統一天下，這是中國歷史上翻天覆地的大變動，也是歷史扉頁翻動的時刻。秦漢大一統帝國的建立，不僅在政治史上象徵着中國的政治權威由春秋戰國時代多元化的局面走向一元化的架構；而且在思想史上也意味着「道德」與「政治」之間關係的重新調整。這種雙方關係的調整可以從兩方面來觀察：在現實層次上，中國歷史上大一統的政治局面的來臨，拉近了政治與道德和知識的距離，使許多知識份子得到更多用世的機會，但相對地也使他們更眞切地感受到來自政治方面的壓力。此其一。其次，在思想層次上，大一統體制的出現，使儒者對「道德政治」的思考加入了嶄新的視野，使他們開始正面肯定政治的力量，認爲政治活動是落實道德理想最有力、最便捷的途徑。這種思考的結論與先秦孔孟以道德提昇政治的主張有很大的出入，是承荀子以來的一大轉折。這種新看法在漢唐時代均無改變，一直到北宋時代才在儒家著作中開始發生變化。

我們追溯這種變化的起源，必須從漢武帝（在位於公元前一四〇——八七年）的獨尊儒術說起。正如人類歷史上所有的大帝國的建立者一樣，漢高祖劉邦（在位於公元前二〇二——一九五年）也面臨一個永恆性的問題：帝國如何而可以長治久安？劉邦在楚漢相爭，爭奪政權的時侯，對這個問題尚無所覺，所以曾以「馬上得天下，安事《詩》《書》」一語斥陸賈。㊸但他卽位不久，就開始感受到政權必須有意識型態作支持的需要，因而開始轉變對儒學的態度。㊹漢武帝就是在這個尊崇儒學的旣有基礎上更進一步而下令罷黜百家獨尊儒術。㊺儒術獨尊在歷史上所帶來的立卽效果就是拉近了學術與政治之間的距離，儒學的經典如《尚書》、《春秋》等都在政治上產生重大的影響力。㊻在大漢政權的羽翼之下，儒學也寖寖然蔚爲大國，爲學術之大宗。然而，這種轉變在歷史上也帶來了一個嚴重的歷史性的問題，此卽是：道德與政治之間緊張性的强化儒家學者一面身負延續儒學命脈的使命，一面面對無所逃於天地之間的專制政權，不免徘徊

㊸王先謙，《漢書補註》（臺北：藝文印書館影印一七三九年刊本），卷九，頁一，下半頁。

㊹關於這一點，參考：Homer H. Dubs, "The Attitude of Han Kao-tsu Toward Confucianism" *Journal of American Oriental Society*, 57, pp. 172-80; H. H. Dubs "The Victory of Han Confucianism," *Journal of American Oriental Society*, 58, pp. 453-90.

㊺在董仲舒對策以前，武帝已開始重視儒術。卽就儒術之獨尊一事言，田蚡亦影響甚大。近人對此一事實言之甚詳。參考：戴君仁，「漢武帝抑黜百家非發自董仲舒考」，《孔孟學報》，十六卷，（一九六八年九月）頁一七一—八；福井重雅，「儒教成立史の二、三の問題」，《史學雜誌》，七六：一，頁五；佐川修，「武帝の五經博士と董仲舒の天人三策について——福井重雅氏『儒教成立史の二三の問題』に對する疑義」《集刊東洋學》，十七（一九六七年五月），頁五九—六九。

㊻自董仲舒以後，所謂「以春秋斷獄」屢見於兩漢書之記載。《尚書》一書對漢代的施政、官制及法律亦有重大影響。關於近人對此一問題之研究，參考：李偉泰，《兩漢尚書學及其對當時政治的影響》（臺北：臺大文學院，民國六十五年）。

於修己與治人之間，在內聖與外王之間作痛苦的生命抉擇，在歷史上扮演偉大的悲劇性角色。㊼由於本文係以思想史爲範圍，所以關於政治史所見儒者與帝王之間的緊張關係的史實，我們無法在此一一加以細究。

從思想史來看，漢代以後的學者大都承認政治力量的優先性，而且認爲政治活動是實踐道德的最佳途徑。因此，就先秦孔孟所建立的道德體系而言，漢以後儒者實已放棄孔孟所創發的「道德自主性」（moral autonomy）之偉大理想，末流所及，不免馴服於「政治化約論」(political reductionism) 的淫威之下矣。我們從漢以後儒者對《論語》及《孟子》這兩部經典的解釋中最可以探出以上這項事實的消息。

《論語》雍也篇第一章經文有「子曰：『雍也，可使南面』」這一段話。這一段經文在思想

㊼關於漢代儒者與專制政治之間的問題，參看：徐復觀，「兩漢知識分子對專制政治的壓力感」，收入：氏著，《周秦漢政治社會結構之研究》（臺北：臺灣學生書局，民國六十四年），頁一一八—二九四；徐復觀，「中國的治道」，收入：氏著，《儒家政治思想與民主自由人權》，頁二一五—二四二。在儒家思想中「人民」是政治主體，但在政治現實中「皇帝」才是政治的主體，這種二重性格的衝突為國史之一大問題。除了上引徐復觀先生之研究成果外，劉子健先生亦有深刻討論，參看：劉子健，「儒教國家の二層的性格について」，《中國學人》，第二期（一九七〇年九月），頁四三—五八；氏著，「岳飛，從史學史和思想史來看」，東方學，二十（一九六〇年六月），頁一一九—一二五；James T. C. Liu, "How Did A Neo-Confucian School Become the State Orthodoxy?" *Philosophy East and West*, 23:4 (Oct, 1973) pp. 483-505.

史上之所以特別具有意義乃是由於：它最直接地體現了孔子思想中德性先於政治之信念；它也彰顯了漢代以後的儒者所常常面對的理想與現實的差距這個問題，使他們在闡釋這段經文時都採取了政治先於德性的看法。從孔子的思想體系來理解，這一段經文中「南面」的涵義是相當清楚的，是指「南面」為人君的意思。[48]再從春秋時代，政治權威多元化的實際狀況來看，孔子的話也可視為歷史現實在思想史上的反映。西漢的劉向（子政，公元前七七——六年）的話最能契合我們以上的說法，他說：「當孔子之時，上無明天子也。故言雍也，可使南面。南面者，天子也」[49]。但是，隨著大漢帝國的鞏固與皇權的日益高漲，儒者如何解釋這一段經文？這是一個思想史上很有意義的問題。[50]

東漢經學大師鄭玄（康成，公元一二七——二〇〇年）對「南面」一詞的解釋是：「言任諸侯之治」；[51]包咸（子良，公元前六——公元後六五年）也作同樣的解釋：「可使南面者，言

[48]近人考證此段文字係孔子晚年之語，可代表孔子晚年成熟的見解。見：木村英一，《孔子と論語》（東京：創文社，一九七一），頁三〇〇—三〇三。

[49]劉向，《說苑》（四部叢刊初編縮本），卷十九，頁九二。

[50]近人徐復觀先生已揭出此一問題之重要性。見：氏著，「國史中人君尊嚴問題的商討」，收入：氏著，《儒家政治思想與民主自由人權》，頁一六二。

[51]見：程樹德，《論語集釋》（臺北：藝文印書館，民國五十四年），上冊，頁三二六，見於《檀弓》正義引鄭注。

任諸侯可使治國故也」。[52]此種說法爲晉代何晏（？——二四九年）所繼承，直到宋人邢昺亦承此說，釋「南面」爲諸侯[53]。以上這些疏解很可以反映出，在大一統的政治權威之下，儒者闡釋孔子的德治思想不免受到相當的壓力，以致於未把「南面」一詞直依孔學原意釋爲「天子」，必須釋爲「諸侯」。從這一系列的解釋之中，很可以看出漢代大一統帝國建立之後，政治力量確實凌駕乎道德力量之上了。

這種政治先於德性的狀況在東漢儒者趙岐（邠卿，公元一〇八？——二〇一年）及唐代皮日休（襲美，約公元八三四——八八三年）對孟學的解釋中也可以找到更具體的說明。

《孟子趙氏註》是現存時代最早的孟子注疏，趙岐注孟於東漢（公元二二五——二二〇）桓（在位於一四六——一六七年）靈（在位於一六八——一八八年）之際政治極端艶詭之時代，趙注

[52] 何晏，《論語集釋》（四部叢刊初編縮本），卷三，雍也第六，頁二一，下半頁。按日本大正十二年懷德刊本之《論語義疏》作：「言任諸侯可使治國故也」，多一「故」字。據武內義雄氏考證，「故」字係衍文。見：武內義雄，《論語義疏校勘記》，收入：《武內義雄全集》，第一卷，《論語篇》（東京：角川書店，昭和五十三年），頁三八九，上半頁。

[53] 《論語注疏》（臺北：藝文印書館影印，十三經注疏本），頁五一，上半頁。此說影響所及迄於今日，例如錢賓四先生釋此句亦云：「南面：人君聽政之位。言冉雍之才德，可使任諸侯也」。見：錢穆，《論語新解》（臺北：臺灣商務印書館，民國五十四年），上册，頁一八一。日人宮崎市定亦襲此說，宮崎氏釋云：「子曰、雍なら地方長官がつとまる……」。見：宮崎市定，《論語の新研究》（東京：岩波書店，一九七五），頁二一四。

雖係「述己所聞，證以經傳，爲之章句」[54]，以挍輯古義，考覈故訓爲其主要目的，但是趙氏於各章之末亦爲之章旨，發揮義理良多。我們通讀趙氏注孟文字，可以發現趙氏解析義理多取政治之觀點，此與漢儒講求通經致用，注重經國濟民之一般取向相合，也與當時思想界政治先於德性之思潮相一致。舉例言之，孟子曰：「大人者不失其赤子之心」，趙注云：「大人謂國君，國君視民，當如赤子，不失其民心之謂也。」[55]孟子書中的「大人」一詞實具有更普遍的涵義，故「大人者，言不必信，行不必果，惟義所在」[56]，趙氏則專就特殊義言。再如孟子特尊孔子，推許爲「聖之時者也」，所重的是孔子的德業。但趙氏注孟則以孔子爲「素王」，重其事功。不僅如此，趙氏更以周公爲歷史之分界線，「古者，謂周公以前。」[57]「中古，謂周公制禮以來」[58]，特重周公在政治上之功業。凡此都可以反映出，趙氏注孟時，對問題的抉擇以及義理的發揮均與他所處時代的政治關懷有密切關係。

再如晚唐林愼思作《續孟子》於懿宗(在位於八五九——八七三年)僖宗（在位於八七三——

[54]《孟子》（四部叢刊初編縮本），卷八，「離婁章句下」，頁六五，上半頁。
[55]同上註。
[56]同上註。
[57]《孟子》，卷四，「公孫丑章句上」，頁三六，下半頁。
[58]《孟子》，卷四，「公孫丑章句下」，頁三四，上半頁。

八八八年）之衰世。林氏嘗自言其動機云：「予所以復著者，以孟子之久行教化，言不在其徒盡矣，故演作續孟。」[59]林氏目睹晚唐亂世，禍亂相因，論政以存養百姓，除煩去苛爲宗旨。[60]所以，林氏發揮孟學，特重仁政，以均賤役於人民，闡明孟子與民同樂之旨[61]；以「孝在乎天下而不在乎一家」[62]解釋禹之大孝。林氏論孟，對於問題之選擇與論述，皆充寓政治的觀點，希望從政治的角度來彰顯先秦孟子以道德主體性爲中心的思想系統。[63]

綜上所說，自秦漢一統帝國出現在中國的歷史舞台之後，儒者的眼光頗多落於政治活動的價值之上。因此，德性的光輝乃有待於政治來彰顯，來落實。這種「位」先於「德」的看法大致上自漢代通貫魏晉南北朝以至唐代而結集於《貞觀政要》這部著作之上。

四、宋儒對於道德政治的再安排

經過五代十國紛紛亂離的局面，宋太祖的統一中國在歷史上象徵著一個新時代的來臨。「紛

[59]林愼思，《續孟子》（知不足齋叢書，第十集），「序」，頁一，上半頁。
[60]參考：蕭公權師，《中國政治思想史》，第三册，頁四一三。
[61]林愼思，《續孟子》，「樂正子三」，頁三，上半頁。
[62]《同上書》，「莊暴十二」，頁三，下半頁。
[63]爲節省篇幅起見，上文僅言其大要，較詳細的論述另：拙著，"The Rise of the Mencius" 第二及第三章。

紛五代亂離間，一旦雲開復見天」，這句詩不僅是對政治上中央集權、強幹弱枝的新局面的形容，對於思想史的新發展也是很恰當的描寫。唐代是中國歷史上的盛世，文風特盛，一般知識份子相當崇尚文學，在聲律浮華之詞中優遊歲月。另一方面，唐代則佛教及道教大爲流行，儒門淡薄，才智之士皆不免爲二氏之學扳去。儒者讀書山林寺院之中蔚然成爲時代的風尚。從這個角度看，唐及五代確是儒學不振的時代。但是，很值得我們注意的是，宋明儒學新發展的種子也正是伏蟄在這個亂世裏，等待一旦春臨大地就發芽開花結果。大宋帝國統一之後，有助於儒學發展的契機逐漸成熟了。就儒學研究的直接因素來說，朝廷倡導類書（如《太平御覽》、《太平廣記》《文苑英華》、《册府元龜》……等）的編纂，科舉考試內容的變革、民間書院的興起以及印刷事業的興盛、書籍的流通等新發展都對學術復興有直接貢獻。而就外緣因素來說，宋初以降，佛教及道教的勢力漸趨衰微，大有利於儒學的復盛。64

象徵著這種儒學復興的新時代的來臨的現象就是知識、道德及政治三者間的密切關係在經歷唐末五代之後重新受到宋代學者的重視。北宋立國以來儒者都一致認爲：學術及道德必於政事覓其落實之處所，而政事亦必藉學問及道德爲其基礎，兩者絕不分爲兩橛。所謂「宋學三先生」胡瑗（安定，九九三——一〇五九），孫復（泰山，九九二——一〇五七）及石介（徂徠，一〇〇五—

64 參考：麓保孝，《北宋に於ける儒學の展開》（東京：書籍文物流通會，昭和四十二年），第二章及第三章。

一〇四五）設帳授徒均講求明體達用之學。安定教學分「經義」與「治事」二齋，無非疏通學生心性使之可任大事，庶幾政學爲一，體用不二。[65] 范仲淹（希文，九八九——一〇五二）所持「先天下之憂而憂，後天下之樂而樂」的精神乃上承宋初知識份子以天下興亡爲己任的傳統，而王安石（介甫，一〇二一——一〇八六年）變法則代表此一學術主流之高潮，錢賓四（一八九五——）先生之言最能道出其間之轉折變化，他說：「北宋學術不外經術政事兩端。大抵荆公新法以前，所重在政事，而新法以後，則所重尤在經術。……迄乎南宋，心性之辨愈精，事功之味愈淡。」[66] 自宋初以降經術與政事之結合既成爲知識份子一致的認識，先秦儒家論政以德性爲基礎的主張乃再獲肯定。北宋儒者在「德」爲「位」之基礎這一個大觀念上均有相同的看法，他們常說「盛德大業」這個觀念，深信有「盛德」者必有「大業」，而「盛德」必藉「大業」以彰顯，兩者實合而爲一，不可分爲兩橛。我們在此可舉北宋儒者中學問事功皆有所成的王安石以及王氏在政治上的敵對者司馬光（溫公，一〇一九——一〇八六）作爲代表來進一步闡釋以上的論點。

公元第十一世紀宋神宗（在位於一〇六七——一〇八五年）起用王安石變法，這是中國儒學外王學傳統的一大試驗，但在政治思想上也激起了莫大的反響，變法派與守舊派各持己見，黨同

[65] 黃宗羲、全祖望著，《宋元學案》，（臺北：世界書局，未標出版日期），卷一，頁十七。

[66] 錢穆，《中國近三百年學術史》，（長沙：商務印書館，民國二十六年），頁五。

伐異，這段史實在政治史及思想史上都具有重大的歷史意義。雙方在思想上的差異甚廣，出入亦大。但在差異之中也有不謀而合之處，此等相近之處最能顯示宋代儒學思想大勢之所趨。我們在此僅就當時儒者所深感興趣，相互論辨的「王霸問題」試作討論。

從思想史來看，王霸之辨乃是先秦儒學的舊問題。孔子雖未揭出王霸之別，但孔子說：「齊一變至於魯，魯一變至於道」[67]又說：「如有王者，必世而後仁」[68]，似已隱寓由霸進而為王乃是一個階段性的漸變過程。所以，孔子對春秋霸者並未深責，他稱許齊桓公（在位於公元前六八五——六四二年）以「正而不譎」，又稱讚管仲相桓公霸諸侯一匡天下為「如其仁，如其仁」[69]。孟子則明辨王霸之不同在質而不在量，在其本性而不在其過程：

> 孟子曰：以力假仁者霸；……以德行仁者王。……以力服人者，非心服也。力不贍也。以德服人者，中心悅而誠服也。……[70]

> 孟子曰：五霸者，三王之罪人也。今之諸侯，五霸之罪人也。今之大夫，今之諸侯之罪人也。……五霸者，摟諸侯以伐諸侯者也。

[67]《論語》，卷七，「子路篇」，頁八九。

[68]《論語》，卷七，「憲問篇」，頁九七。

[69]《論語》，卷七，「憲問篇」，頁九八。關於桓公管仲之霸業，參看：拙著，《春秋戰國時代尚賢政治的理論與實際》，（臺北：問學出版社，民國六十六年）頁四六—四七。

[70]《孟子》，卷三，「公孫丑章句上」，頁二六，上半頁—頁二七，下半頁。

故曰：五霸者三王之罪人也。五霸桓公為盛。71

我們推測孟子之意，王與霸之別在德與力之對比，兩者間因本質不同而有不可混淆者在焉。但荀子論王霸與孟子頗有出入，荀子以爲霸者所具乃次等之德性（信），與王者之德（義）雖不可同日而語，然「德雖未至也，義雖未濟也，然而天下之理略奏矣。刑賞已諾，信乎天下矣」72，故曰：「用國者義立而王，信立而霸，權謀立而亡。」73

孔孟荀於王霸問題僅揭其大旨而未及細論。逮乎宋世，儒者感時論世，鑽研《春秋》，孫泰

71《孟子》，卷十二，「告子章句下」，頁一〇一，上半頁—下半頁。

72《荀子》（四部備要本），卷十，「王霸篇」，頁三，上半頁—下半頁。

73同上書，頁一，上半頁。關於孟荀論王霸問題之歧見，參看：Sydney Rosen, "Changing Conception of the Hegemon in Pre-Ch'in China," in David T. Roy and Tsuen-hsuin Ts'ien eds., *Ancient China: Studies in Early Civilization* (Hong Kong: The Chinese University of Hong Kong Press, 1978), pp. 99-114, esp. p. 111-114。並參考：日原利國，「王道から霸道への轉換」，收入：木村英一博士頌壽記念事業會編，《中國哲學史の展望と摸索》，（東京：創文社，昭和五十一年），頁一五七—一七五。日原氏指出除孟荀之王霸論外，東漢末桓譚、崔寔、王充等提出「圖王不成、其弊則可為霸」之王霸論，此種漢代霸者觀均為公羊學者所繼承。自孟子之王霸區別論到桓譚之王霸等質觀，可反映漢代思想家在論證漢王朝之合法性問題上之努力，其說頗值注意。

山首發尊王之深意，自此以下王霸之辨更成爲宋儒所關心的大問題。[74]保守派的司馬光針對王霸的差異曾有這樣的說法：「夫仁所以治國家而服諸侯也。皇帝王霸皆用之。顧其所以殊者，大小高下遠近多寡之間耳。假者，文具而實不從之謂也。文具而實不從，其國家且不可保，況於霸乎？雖久假而不歸，猶非其有也。」[75]我們細繹溫公之意可以發現，溫公認爲王霸之別在量不在質，霸者與王者之德性程度有別，而本質無殊，而這種本質就是德性。改革家王安石論王霸問題持論則與溫公互有出入。他說：「仁義禮信，天下之達道，而王霸之所同也。夫王之與霸，其所以用者則同，而其所以名者則異，何也？蓋其心異而已矣。其心異則事異，其事異則功異則其名不得不異也。王者之道，其心非有求於天下也，所以爲仁義禮信者，以爲吾所當爲而已矣。……霸者之道則不然，其心未嘗仁也，而患天下惡其不仁，於是示之以仁。」[76]王安石認爲王與霸雖然都是政治上的領袖，同樣發揮領袖羣倫的功能，但是王與霸存心是不同的。而因爲存心不同，所以其他的行止表現乃隨之而有不同。在這個觀點對照之下，司馬光的觀點是：王霸本

[74] 參考：牟潤孫，「兩宋春秋學的主流」，收入：《宋史研究集》，第三輯（臺北：中華叢書編審委員會，民國五十五年），頁一〇三—一二一；陳慶新，「宋儒春秋尊王要義的發微及其政治思想（上）」，《新亞學報》，十卷一期（上冊）（一九七一年十二月），頁二六九—三六八。

[75] 司馬光，《溫國文正司馬公文集》（四部叢刊初編縮本），卷七三「疑孟」，「孟子曰堯舜性之也」條，頁五三三。

[76] 王安石，《臨川先生文集》（上海：中華書局，一九五九），頁七一四。

質無殊，僅程度有別，故王政與霸政乃非相互對立之政體。[77]溫公以為霸者乃受命於天子而為中央之重臣。他說：「合天下而君之之謂王。王者必立三公。三公分天下而治之，曰二伯，一公處乎內，皆王官也。周衰二伯之職廢。齊桓晉文糾合諸侯，以尊天子。天子因命之為侯伯，修舊職也。伯之語轉而為霸，霸之名自此興。自孟荀氏而下皆曰，由王道而王，由伯道而伯。道豈有二哉，得之有深淺，成功有大小耳。」[78]因此，溫公對春秋霸者較具同情之諒解。我們粗略地瀏覽雙方的論點似乎針鋒相對，形同水火。但是，如再深入分析，我們可以發現王安石與司馬光對王霸問題看法固有不同，但是他們在德行先於政治這一個原則上則持論一致。王安石與司馬光表面上是分辨王霸異同，但實際上則是在指陳道德乃政治之根本。錢賓四先生說王安石「這一分辨，撇開了政治，直論其心術，於是辨王霸成為辨義利。他把心術綰合在一起，修身正心與治國平天下一以貫之，這一說遂為以後學者所遵循。這是他在宋儒思想進展上一大成就。」[79]這是非常有歷史慧識的論斷。

在上文的討論裏，我們以王安石與司馬光討論王霸之辨的言論為例，指出宋儒對「道德政治」的再安排是主張德行先於政治。就這點來說，宋儒是超越漢唐先儒而上復先秦孔學的矩矱，很

[77] 參考：蕭公權師，《中國政治思想史》，第四冊，頁四八三

[78] 司馬光，《溫國文正司馬公文集》，卷七五，迂書，「道同」，頁五三九。

[79] 見：錢穆，《宋明理學概述》（台北：臺灣學生書局，民國六十六年修訂重版）頁十九。

具有「返本主義」（fundamentalism）與「復古主義」（restorationism）的傾向。[80] 漢代儒學與宋代儒學的差異也可以由此略窺其大經大脈之所在。

儒學傳統中「道德政治」這一個問題實質上就是「德」與「位」之間關係的問題。而在思想史上最足以體顯歷代儒者對於「德」「位」問題的思考的則是他們對周公（代表「位」，也代表政治的力量）及孔子（代表「德」，也代表德行的力量）的看法。因此，我們接著分析周公及孔子在儒者心目中形象的轉變。

國史所見歷代儒者都懷抱著强烈的歷史感，這種歷史感早呈現於孔子「祖述堯舜，憲章文武」及「述而不作」承繼周文的行誼之中。歷代儒者在這種歷史感的驅迫之下每於先秦孔門諸儒所處的時代、思想傳承及其在歷史上的地位有所討論。從他們的這種言論中最可以看出他們所處

[80] 近人狄百瑞（Wm. Theodore de Bary）論中日新儒學之發展，嘗以回歸孔子基本敎義之「返本主義」及「復古主義」為新儒學之共同傾向，其說頗能透露宋明儒學思潮之動向。宋代承五代亂離之後，儒學研究中興，印刷之術大盛，宋儒又勇於疑經，立說既不守漢唐舊軌，著書則尤多自出心裁，人自為說，家自為書。儒學之中門戶互殊，異說紛陳之狀況至宋而達於一新高潮點。各派為證成其說之符合孔門宗旨，莫不回歸孔子基本敎義，引孔子為最高之權威，「返本主義」及「復古主義」於焉大興，隱然成為一重要之思想傾向。參見：Wm. Theodore de Bary, "Some Common Tendencies in Neo-Confucianism," in David S. Nivision and Arthur F. Wright eds., *Confucianism in Action* (Stanford: Stanford University Press, 1959), pp. 25-49, esp. p.34.

時代思潮之所趨。大致說來，漢代儒者一般對於周公甚爲推崇，而認爲孔子繼承周公欲求在政事治平之術上有所表現，所以漢儒常以「周孔」並稱。「周孔」一詞屢見於《呂氏春秋》[81]、《淮南子》[82]、揚雄《法言》[83]等書。太史公司馬遷也承受這種時代思潮的影響。在「太史公自序」中，司馬遷曾引先人之言曰：「自周公卒，五百歲而有孔子；孔子卒後，至於今五百歲。……」[84]，很明顯地是以孔子繼周公。但孔子所承繼的是周公那一方面呢？我們再細釋「自序」全文，太史公特別着重孔子著《春秋》這部書在現實政治所發揮的「上明三王之道，下辨人事之紀；別嫌疑，明是非，定猶豫；善善，惡惡，賢賢，賤不肖；存亡國，繼絕世，補敝，起廢：王道之大者也」[85]的作用。太史公的著眼點是在治道之上，這是典型的漢人眼光。在這種眼光之下，孟子不過厠身諸子之列，地位甚低。

　　這種形象到了唐代始稍稍改變，而韓愈（退之，七六八——八二四年）是這個轉變的先聲。昌黎生於佛學昌盛的時代，深以佛學「彌近理而大亂眞」爲嘆，出而提倡古文運動，上復儒門正

[81] 見《呂氏春秋》（四部叢刊本），卷二四，頁九，上半頁。
[82] 見《淮南子》（四部叢刊本），卷二一，頁七，上半頁。
[83] 揚雄，《法言》（漢魏叢書本），卷五，頁五，上半頁。
[84] 司馬遷，《史記》（四部叢刊本）卷一三〇，頁六，下半頁。
[85] 同上註。

統，正式提出以孟子繼孔子而傳道統的主張。從此以後，「孔孟」並稱開始取代漢人「周孔」並稱的習慣。[86]唐末的皮日休（襲美，約八三四——八八三年）論德化流衍亦有「定於周孔」之言論。[87]這種轉變在思想史上具有重大意義，它代表了從韓愈開始，儒者所關心的大問題開始從政治轉變爲道德，亦卽從「位」轉向「德」。[88]這種轉變到了宋代正式蔚爲思想史上的普遍現象，而以朱子（公元一一三〇——一二〇〇年）在《四書集註》中所呈現的孔孟形象最具有代表性。

我們細繹朱子《四書集註》，可以發現朱子論述孔子的歷史地位時已深深體會到《中庸》第二十八章所提到的「德」與「位」之間的緊張性。他認爲孔子雖賢，但不得其位，故不能行其道。但孔子畢生從事教育，裁成後學，繼往開來，其功反有賢於堯舜者。朱子說孔子之德「雖無愧於舜禹，而無天子薦之者。故不有天下」，[89]但是孔子「雖不得其位，而所以繼往聖，開來

[86] 見：韓愈，《朱文公校昌黎先生集》（四部叢刊本），卷二〇，「送王秀才書」，頁一五八，上半頁—下半頁。

[87] 見：皮日休，「原法」，收入：氏著，《皮子文藪》（四部叢刊本），頁二三，參考：William H. Nienhauser, Jr, *P'i Jih-hsiu* (Boston: Twayne Publishers, 1979) p.63.

[88] 近人對此一轉變之意義頗有討論，參考：牟宗三，《心體與性體》（臺北：正中書局，民國五十七年，六十二年），第一冊，頁十三；錢穆，《朱子新學案》（臺北：三民書局，民國四十六年），第一冊，頁八。

[89] 《孟子集註》，卷五，「萬章上」，頁八，下半頁。

學，其功反有賢於堯舜者」。⑩因為就朱子看來，孔子在中國文化史上建立了道統的最高典範，對後世的影響實遠超過於得位行道的政治領袖堯舜或周公。朱子曾引程子之言說：「語聖則不異，事功則有異，夫子賢於堯舜，語事功也。蓋堯舜治天下，夫子又推其道以垂教萬世。堯舜之道，非得孔子則後世亦何所據哉」。⑪在以上「德」先於「位」的基本前提下，朱子重建先秦孔門道統相傳的順序為：孔子——曾子——子思——孟子。這一個新道統的傳承順序側重心性道德等內在問題，成為朱子進《四書》退《五經》的哲學基礎，⑫而完成了儒學史上從「周孔」並稱

⑩《中庸章句》（四部備要本）序，頁二，上半頁。

⑪《孟子集註》，卷二，「公孫丑上」，頁八，下半頁。

⑫參考：陳榮捷，「朱子道統觀的哲學性」，《東西文化》，第十五期（民國五十七年九月），頁二五—三二。

僅就反朱學思潮一論而言即已波濤壯潤，反映其多面性與普遍性。這種反朱子學思潮不僅出現於清代的中國，也見之於德川時代（一六〇〇—一八六八年）的日本以及李朝時代（一三九一—一九〇一年）的朝鮮。就其思想的性質而言，則東亞近世儒學史上的反朱學者多不以反朱子學為已足，而對整個宋學展開嚴厲的批判。東亞近世儒學史上反朱子學的興起不僅在空間上廣及中日韓三地區，在時間上也涵蓋十七、十八及十九世紀三百年。就其所表現的思想內容而言，則反朱學者多循經典疏解之途徑以達其反朱學之目的，其中尤以清儒戴震（東原，一七二四—一七七七年），德川儒者伊藤仁齋（維楨，一六二七—一七〇五年）及李朝晚期儒者丁若鏞（茶山，一七六二—一八三六年）最為其代表。筆者對這個問題嘗有初步探討，另詳：拙著，「戴東原、伊藤仁齋、丁茶山的孟學解釋——中日韓近世儒學史比較研究」，《韓國學報》，第一期（民國七十年四月），頁一—二三，此文收入本書第四篇，標題改為：「東亞儒學的新動向——戴東原、伊藤仁齋與丁茶山對孟學的解釋」。

到「孔孟」並稱的大轉變。從這項轉變中很明顯地透露宋代儒者對「道德政治」的思考實是以道德提昇政治爲其鵠的。

五、結論

本文回顧儒學傳統中從先秦到南宋儒者對「道德」與「政治」的關係的思考歷程，處理問題的時間下限定在朱子，一方面是因爲朱子在中國儒學史上具有分水嶺的地位，而且另一方面也因爲此下儒者因釋朱、闡朱或反朱立場之不同，而有複雜之表現，因時間的限制，一時無暇就朱子以後思潮的發展細作分疏。但是從本文所檢討的從先秦到南宋儒者對「道德政治」這個理想的思考看來，我們可以明確地發現，先秦時代孔孟所揭櫫的這個偉大的理想和秦漢大一統以後國史的發展之間有很大差距存在。爲了說明儒者所信持的偉大理想與歷史上政治現實之間的差距，我們可以再舉韓愈和朱子的行誼爲例作進一步的討論。史稱韓愈「操行堅正，鯁言無所忌」，唐憲宗（在位於八〇五——八一九）信佛，嘗遣使者往鳳翔迎佛骨入禁中，膜拜三日後乃送佛祠。影響所及，王公士人皆奔走膜拜，至爲信佛而毁體膚委珍貝。韓愈不以爲然。乃上了著名的「諫迎佛骨表」。憲宗覽表大怒，本欲置韓愈於死地，後貶爲潮州刺史。於是韓愈在赴潮州路上寫下了

傳誦千古的「左遷至藍關示姪孫湘」的詩句：[93]

一封朝奏九重天，夕貶潮州路八千，
欲為聖明除弊事，肯將衰骨惜殘年，
雲橫秦嶺家何在，雪擁藍關馬不前。
知汝遠來應有意，好收吾骨瘴江邊。

韓愈這首詩很能體顯儒者那種欲以道德制衡王權的偉大抱負及其在歷史現實上所遭遇的困境。

另一個例子是南宋大儒朱子。朱子治學方面極廣，「出入於老釋者幾十年，返求諸六經而後得之」，遍注羣經，融舊學與新知於一爐而冶之，爲近七百年來之儒學開宗風立矩矱。朱子在世之日，「仕於外者僅九考，立朝才四十日」，但備受權臣韓侂胄及其黨羽的排擠，馴至稱朱子之學爲「僞學」，甚至朱子逝世會葬之日，特令「守臣約束」。朱子一生的從政生涯雖然十分短暫，但是短暫的經驗已使他對儒家理想與專制政治的現實之間的差距有深刻的理解。所以，朱子在「答陳同甫書」中才會對這種差距慨乎言之：「千五百年之間，正坐如此，所以只是架漏牽補過了時日，其間雖或不無小康，而堯、舜、三王、周公、孔子所傳之道，未嘗一日得行於天地之間也」。[94]

[93] 見：韓愈，《朱文公校昌黎先生集》，卷十，頁九一。
[94] 見：朱熹，《朱文公文集》（四部叢刊初編縮本），卷三六，頁五七九，上半頁。

總結本文的分析，我們可以進一步指出，中國歷代儒家以道德提昇政治的理想自秦漢大一統帝國形成之後常受到挫折，但是儒者抱持「人能弘道，非道弘人」的信念，以「知其不可而爲之」的精神，維持並發皇先秦時代孔孟所建立的政治思想體系，在遭受到帝王的打擊時絕不曲道以從人。例如洪武三年（公元一三七〇年）明太祖朱元璋（在位於一三六八——一三九八年）讀《孟子》至草芥寇讎語，直欲將孟子逐出孔廟而後快，尚書錢唐聞之上疏力爭，宣稱孟子爲死有餘榮⑮。從歷史上看，歷代儒者抱道守正的例子正不勝枚擧，這種貞定力正是儒學傳統日新又新的內在動力。這是歷史上所見的儒學傳統與政治現實之間緊張性的一面。

但是，儒學傳統與政治現實之間也有另一層共生的關係。從一方面來看，歷代王朝的合法性（Legitimacy）固然有賴於儒者的闡釋及支持；但從另一方面看，則儒學傳統的持續生存以及發揚光大也有賴於帝王的扶翼。例如漢儒的五德終始說與天人感應論固爲大漢帝國提供了「存在的理由」（raison d'être），奠定了大漢帝國之所以建立的思想基礎；但是，漢武帝的尊崇儒術也爲儒學的發展提供了有利的現實背景，使儒學在帝國的利祿的誘導之下，寖寖然蔚爲大國，馴至「一經說至百餘萬言，大師衆至千餘人」。雖然這種發展使儒學駁雜化，使儒學一門之中衆流並進，但是儒學因之得以豐富其內容，延續其生命，則也是一項無可否認的事實。王夫之（船山，一六一九——一六九二）對於儒學傳統與帝王政統之間的這種共生關係有極爲精闢的分析，

⑮見：《明史》（四部叢刊本），卷一三八，頁一，下半頁。

他說：「儒者之統，與帝王之統並行於天下，而互爲興替。其合也，天下以道而治，道以天子而明；及其衰，而帝王之統絕，儒者猶保其道以孤行而無所待，以人存道，而道不可亡」。96

總而言之，「道」（或「德」）與「勢」（或「位」）這兩大力量在人類的歷史上合之則雙美，離之則兩傷。中國歷代的大儒莫不努力於透過儒學傳統與政治現實的結合來美化人間。在這種美化人間的努力之中，以道德的力量來扶持並進而提昇政治的境界，以「道」來提昇「勢」是一項亙古不變的永恆理想。

96 王夫之，《讀通鑑論》（臺北：河洛圖書公司，民國六十五年台景印初版），卷十五，頁四七九。

圖版一：朱熹和《論語集注》手稿

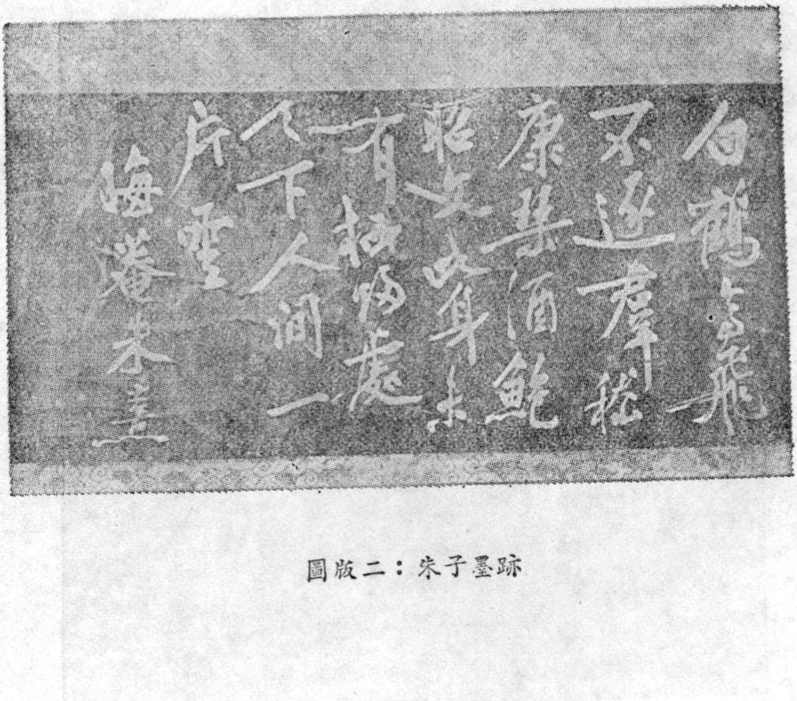

圖版二：朱子墨跡

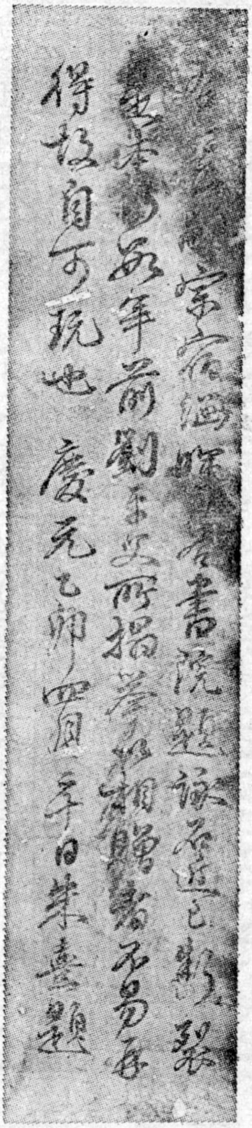

圖版三：朱子墨蹟（原件藏於中央研究院歷史語言研究所）

孟子卷第一　趙氏注

梁惠王章句上　梁惠王者魏惠王也魏國名惠謚也王號也時天下有七王皆僭號者也猶春秋之時吳楚之君稱王也魏惠王居於大梁故號曰梁王聖人及大賢有道德者王公侯伯及卿大夫咸願以爲師孔子時諸侯問疑質禮若弟子之問師也魯衛之君皆尊事焉故論語或以弟子名篇而有衛靈公季氏之篇孟子亦以大儒爲諸侯所師是以梁惠王滕文公題篇與公孫丑等爲一例也

孟子見梁惠王　孟子適梁魏惠王禮請孟子見之　王曰叟不遠千里而來亦將有以利吾國乎　曰辭也叟長老之稱也猶父也孟子去齊老而之魏故王尊禮之曰父不遠千里之路而來至此亦將有可以爲寡人興利除害也

圖版四：孟子趙注（清內府藏宋刊大字本）

採自〔四部叢刊初編〕（上海，商務，民國十一年）

二、從朱子《孟子集註》看中國學術史上的注疏傳統

「舊學商量加邃密，新知培養轉深沈。
卻愁說到無言處，不信人間有古今。」

——朱子（一一三〇——一二〇〇）[1]

[1] 朱子，「鵝湖寺和陸子壽」，收入：《朱文公文集》（四部叢刊初編縮本），以下簡稱《文集》，卷四，頁一〇三，下半頁。據王懋竑，《朱子年譜》（臺北：臺灣商務印書館，民國六十六年臺一版，人人文庫特一二七），頁七四—五所載，朱子此詩成於淳熙六年己亥，公元一一七八年，朱子時年五十歲。秦家懿女史對朱陸鵝湖之會曾有詳細研究，參見：Julia Ching, "The Goose Lake Monastery Debate (1175)," *Journal of Chinese Philosophy* 1 (1974), pp. 161-178.

一、序論

在中國歷史的發展過程裏，知識的追求是一個相當重要的工作。幾千年來，中國文化人對許多永恒性的大問題如「人是什麼？」「什麼是完美的人格？」「如何才能完成完美的人格？」等問題的思考，常與其對知識的界定與追求有很密切的關係。就其大體來說，在中國文化脈絡裏，追求知識的目的乃是爲了成就道德的理想，知識是達到道德的一個必要手段，而道德是知識系統所賴以建構的根本基礎。早在春秋時代（公元前七二二——四六四年），中國卽有所謂「三不朽」之說，而其順序是「立德」在先，「立功」次之，「立言」又次之。❷孔子繼承周文化中這個重德行的傳統，他認爲德行的建立比知識的追求更重要，他說：「知及之，仁不能守之，雖得之，必失之。」❸，道德是建立知識不可或缺的基礎。自孔子以下，這個立場大致爲儒學傳統所接受。從道德立場來談知識問題，乃因此而成爲中國傳統之一大特色。

既然如此，知識問題在中國文化傳統中是否就不足輕重了呢？答案顯然是否定的。在西方的哲學傳統中，自柏拉圖（Plato, C. 429–347B. C.）的對話錄 *Theaetetus* 以降，知識論一直

❷《左傳》（十三經注疏本），襄公二十四年，卷三五，頁二四，上。
❸《論語集註》（四部備要本），卷八，「衛靈公第十五」，頁六，下。

是西方思想史的一個重大問題。和西方的情形比較起來，中國文化顯然有一個注重德行的優先性的傳統。但這並不等於意味着中國文化不重知識的追求。事實上，自孔子以降，知識的追求（所謂「道問學」）與道德的挺立（所謂「尊德性」）永遠是儒學傳統中儒者思考問題的兩個起點，也是儒學歷經其他思想系統的挑戰而得以不斷豐富其生命的內在富源。中國儒學史上，漢宋學術的差別、程朱陸王的異同、乃至清代學術的興起等重大問題，都可以從這個角度賦予圓融的解釋。

中國文化對知識的追求付予這樣的重視，那麼，我們深感興趣的是：中國人在知識的探討追求上，有何特殊的方法與成就？這種特殊的方法的發展歷經那些階段？中國學術史這種特殊的傳統在整個中國文化史上有什麼歷史意義？這篇論文的寫作就是環繞着這些問題而展開，企圖針對以上幾個問題提出初步的解答，以作爲我們進一步思考的參考。

二、中國學術史上注疏傳統的發展及其特質

從思想史的立場來看，傳統中國思想家表達其思想系統有一個很特別的方式，這就是：以注解及詮釋經典的方式來建立自己的思想體系。這種表達思想的方式與西方思想傳統有很大的出入。一般說來，西方思想家很少以注解經典的方式來提出他們自己的哲學體系。我們固然可以說整個歐洲哲學傳統就是柏拉圖思想的註脚，但是西方思想家對柏拉圖哲學是「抽象的繼承」，而

不是「具體的繼承」。他們在思辨路數上從柏拉圖汲取靈感，但注解柏拉圖並不是他們建立思想體系的根本方式。反觀中國的學術傳統，我們立刻可以發現，先秦時代所形成的幾部經典一直是中國思想家思考宇宙、國家、社會、人生諸般問題的一套基本文獻，而歷代許多大思想家、大學問家也常常透過對這些基本文獻的注解詮釋來提出他們的思想體系。由於中國傳統中有這種特殊的表達思想的方式，所以中國學術史上就有一個極爲發達也極有光輝的注疏傳統。

從中國學術史上注疏傳統的發展歷程來看，大致可以劃分爲兩個明顯的階段。第一個階段是以五經爲中心的時期。《五經》包括《詩》、《書》、《易》、《禮》、《春秋》等五部經典，自秦漢代以後，儒者畢生治學多以《五經》爲中心而展開，他們所注解詮釋的典籍也以《五經》爲主；第二個階段是以《四書》爲中心的時期，《四書》就是《論語》、《孟子》、《大學》、《中庸》等四部經典。這兩個階段的轉變關鍵大約是在公元第十世紀左右，也就是從北宋(公元九六〇——一一二六年)開始，由於新儒學大師如二程子等的提倡，《四書》地位逐漸上昇，到了朱子出而集結《四書》，並爲之作集註，則《四書》之經典地位已告完全確立。因此，我們可以說，朱子在中國學術史上實居於關鍵性的歷史地位，因爲《四書章句集註》的完成，不僅完成了他所持進四書而退五經的理想，使中國注疏傳統的發展由以《五經》爲中心轉而以《四書》爲中心；❹ 而且，從元仁宗皇慶二年（公元一三一三年）起，朱子的《四書集註》成爲科舉考試的官

❹ 關於朱子在中國儒學史上承先啓後的歷史地位，參看：錢穆，《朱子新學案》（臺北：三民書局，民國六十年）第一

定本。透過考試制度的實施，朱子學成為官學，亦對元代以後中國儒者的思想產生深刻的影響。❺此後七百年間，整個東亞地區儒學思潮的發展均與朱子學有密切關係。闡朱釋朱之作品固如雨後春筍，而諍朱攻朱之論著亦踵繼而至，構成思想史上極可注意的歷史現象。❻

接着，我們再從學術史上注疏內容的發展來看。如從這個角度觀察，我們可以把中國的注疏傳統區分為三個時期：第一個時期是漢唐時期，大約起自漢武帝置五經博士，而終於唐代初年《

冊，《朱子學提綱》，頁二三—三五。關於朱子四書集註的完成在儒學史上的意義，參考：Wing-tsit Chan, "Chu Hsi's Completion of Neo-Confucianism," in *Études Song in Memoriam Étienne Balaza* éditées par Francoise Aubin, Séries II, Civilization I, (Paris: Mouton & Company and École Pratique des Haute Études, 1973), pp. 73-80. 陳榮捷著，萬先法譯，「朱熹集新儒學之大成」，《中華文化復興月刊》，第七卷第十二期（民國六十三年十二月），頁四六—五九；關於四書之取代五經而為經典的原因的分析，參看：宇野精一，「五經から四書へ——經學史覺書——」《東洋の文化と社會》（京都：支那哲學史研究室，一九五二年三月）第一輯，頁一—十四。

❺關於朱子學在元代之興起，參考：Wm. Theodore de Bary, "The Rise of Neo-Confucian Orthodoxy in Yüan China," 收入：氏著 *Neo-Confucian Orthodoxy and the Learning of the Mind-and-Heart* (New York: Columbia University Press, 1980), Chap. I. 此文之日譯本，見杦山明抄譯，「元代における道學興隆」，東洋史研究，第三八卷第三號（昭和五十四年十二月），頁五二—一〇五。此文最後三節之中文譯文，見：狄百瑞著，侯健譯，「元代朱熹正統思想的興起」，《中外文學》，第八卷第三期（民國六十八年八月一日），頁六六—六七。

❻關於十七世紀以後，東亞反朱思潮的展開，另詳拙作「東亞近世儒學思潮的新動向——戴東原、伊藤仁齋與丁茶山對孟學的解釋」，收入本書，第三篇。

五經正義》的寫定。在這個時期裏，學者對先秦經典的詮釋特別側重在語言文字的訓釋，換句話說，也就是以文獻資料的整理及古制的重建爲其特色。

第二個時期是宋明時期，大約起自中唐，中間經過宋元時代的發展，而以明代初年《四書五經大全》的編纂爲其終止之期。從某一個角度而言，第二個時期注疏之學的發展可以視爲對第一個時期所累積而成的煩瑣的義疏訓詁的再批判與再出發。這個時期的學者心神所關注的焦點從過去的文字訓詁制度的問題轉到經書內在理念的探討。從第一期到第二期的轉變過程，韓愈（退之，公元七六八——八二四年）可以視爲一個重要的分水嶺的歷史人物。韓愈送友人盧仝（公元？——八三五年）詩云：「春秋三傳束高閣，獨抱遺經究終始」⑦，這首詩中的意境最能透露中唐以下學者掙脫漢唐學術的舊傳統，而另外建立一個以經書的思想爲探討焦點的新局面的努力。⑧

第三個時期是清代，它所涵蓋的時間大約從明朝末年起至五四時代爲止。清代注疏之學以「實事求是」的精神爲基礎，企求上復古學的眞面目，其具體的研究途徑是從經典的考證訓詁入手。⑨但從思想史的立場來看，則清代考證學的興起必須遠溯到晚明程、朱和陸、王兩派的義理

⑦韓愈，「致盧仝」，收入：《朱文公校昌黎先生文集》（四部叢刊初編縮本），卷五，頁五十，下。

⑧關於韓愈在儒學史上之歷史地位，參考：陳寅恪，「論韓愈」，《歷史研究》，（民國四十三年），第二期，頁一〇五—一一四。

⑨以上關於三個時期的討論，大致參考：加賀榮治，《中國古典解釋史：魏晉篇》（東京：勁草書房，一九六四年），第一章，頁一一—四九。

之爭。由義理之爭折入文獻考證，逐漸引導出清代全面整理儒家經典的運動。這種轉變，代表儒學由「尊德性」轉入「道問學」的層次，可以視爲儒學傳統中，重視書本知識的態度的再度興起。⑩

在以上的討論中，我們指出傳統中國學者在探索知識的時候多出之以注解經典的方式，這是中國文化傳統一個很值得注意的現象。我們在上文中也很粗略地就數千年來中國學術的歷史經驗對這種注疏傳統的發展做了若干分期觀察。那麽，我們接着必須面對的一個問題是：在以上所述中國注疏傳統幾個階段的轉折變化中，是否有某種通貫不變的基本特質？

中國學術史上注疏傳統的基本特質，一言以蔽之，乃在於：歷代學者疏解經典之時皆寓維新於守舊之中。他們闡釋經典的基本態度都是守先以待後，寓開來於繼往。他們一方面上承先賢心智耕耘的成果，一方面又予以綜合融化，再下開此後思想的新局面，故歷代學者對經典之注解皆同時蘊涵舊學與新知這兩種不同的成份。大部份對經典的疏證都是融新舊於一爐而冶之，對前此

⑩余英時先生對這一點有精審之分析，參考：余英時，「從宋明儒學的發展論清代思想史——宋明儒學中知識主義的傳統」，收入：氏著，《歷史與思想》（臺北：聯經出版公司，民國六十五年），頁八七—一二一；余英時，《論戴震與章學誠——清代中期學術思想史研究》（香港：龍門書店，一九七六年）；Ying-shih Yü, "Some Preliminary Observations on the Rise of Ch'ing Confucian Intellectualism",《清華學報》，新十一卷第一、二期合刊（民國六十四年十二月）（中國思想史專號），頁一〇五—一三六；Ying-shih Yü, "Intellectualism and Anti-intellectualism in Chinese Intellectual History", 同上，頁一三七—一四四。

之舊學言爲融舊，就此下之新學言則爲鑄新。

關於中國注疏傳統中這一個突出的特質，我們在學術史上可以找到很多例子。今僅擧一例以概其餘。前文說過，唐代初年《五經正義》的撰寫結束了中國經學解釋發展史上的第一個階段。所謂《五經》是指：《易》、《詩》、《書》、《禮記》、《春秋左傳》等五部經典，由孔穎達（公元五七四——六四八年）、顏師古（公元五八一——六四五年）、司馬才章、王恭、王琰等人合撰。《周易正義》用王弼、韓康伯注，《尚書正義》用僞孔傳，《毛詩正義》用毛傳鄭箋，《禮記正義》用鄭玄注，《春秋左傳正義》用杜預注。從以上這份書單，我們不僅可以看出《五經正義》在思想系統上是兼採魏晉以來南學及北學不同的傳統，而且也總結了唐代以前學者疏解經書的成果。但更值得我們注意的是，《五經正義》不僅總結前人解經的成果，而且也下開思想的新境界。例如：通貫《五經正義》，我們可以發現「道」與「氣」這兩個觀念常結合在一起討論，這個事實本身代表道家與儒家思想的結合，也是「正義」之學的新發展，爲後來宋代的理學系統做了思想上的鋪路工作。(註)其實，除了唐初的《五經正義》之外，歷代學者所撰有關經典的注釋都在不同的程度上具備了這個特殊性格——新舊融合，古今一體。唐初孔穎達等人的《五經正義》如此，後漢（公元二五——二二〇年）趙岐（邠卿，公元一〇八？——二〇一年）的《孟

(註)參考：楊向奎，「唐宋時代的經學思想——經典釋文，十三經正義等書所表現的思想體系」，收入：何冠彪編，《隋唐史研究論集：學術文化篇》（香港：香港史學研究會，一九七九年），頁九—十九。

子注》如此，南宋（公元一一二七——一二七九年）朱子的《四書章句集註》更是如此。

爲什麼中國學術的注疏傳統具有這種融舊鑄新的特質？關於這個問題我們可以從兩個角度加以思考。一是注解經典的學者所處的時代背景所使然。舉例言之，趙岐注解《孟子》特重具體的政治問題，他也從政治角度解釋孟學思想體系，這種特殊取向和他所處的時代中政治問題之嚴重化，知識份子心神之所關注莫不在政治這一個客觀事實有相當密切的關係。趙岐注孟於東漢桓（在位於一四六——一六七）靈（在位於一六八——一八八）之際政治極端杌隉的時代，趙注雖係「述己所聞，證以經傳，爲之章句」⑫，以校輯古義，考覈故訓爲其主要目的，但是趙氏於各章之末爲之章旨，發揮義理良多。通觀趙氏注孟，解析義理多取政治之觀點，這種觀點與漢儒講求通經致用，注重經國濟民之一般取向相合。如孟子曰：「大人者不失其赤子之心」，趙注云：「大人謂國君，國君視民，當如赤子，不失其民心之謂也。」⑬孟子大人之學取其普遍義，故「大人者，言不必信，行不必果，惟義所在」⑭，趙氏則專就特殊義言。再如孟子特尊孔子，許爲「聖之時者也」，重其德業，趙氏注孟則以孔子爲「素王」，重其事功。不僅如此，趙氏更以周

⑫《孟子》（四部叢刊初編縮本）卷八，「離婁章句下」，頁六五，上。
⑬《孟子》，卷八，「離婁章句下」，頁六五，上。
⑭同上註。

公爲歷史之分界線，「古者，謂周公以前。」⑮「中古，謂周公制禮以來」⑯，特重周公在政治上之功業。因爲趙氏注孟特重政治，所以多就具體問題發揮。從趙岐注孟這個歷史經驗，我們最可以看出時代因素在經典注疏上的投影。

但是，我們並不意謂中國學術史上經典的注疏者只是時代社會政治經濟背景制約下的產物而已。許多個案都顯示歷代的經典注疏絕對不止是各個時代意識形態的反映而已。注疏家個人仍有相當的思想上的自主性。除了上文所說的時代背景之外，可能影響到注疏內容的變化的第二個因素是由於注疏家個人的思想傾向所導致的。關於這一點，我們可以舉唐初陸德明（元朗，公元五五六——六二七年）爲例加以說明。陸德明著《經典釋文》，內容包括：《周易》、《古文尙書》、《毛詩》、《三禮》、《春秋》、《孝經》、《論語》、《老子》、《莊子》、《爾雅》等書。老莊這些道家的書籍與儒家典籍並列，合稱爲「經典」，這眞是石破天驚的一舉！何以會有這種情況出現？這一方面固然由於南朝以及王弼（公元二二六——二四九年）一派的作風，一方面更是由於陸德明個人思想上的傾向所有以致之。陸德明一向「善言玄理」，對老莊一系思想有很深修養，所以當他疏解儒家經典的時候，也就不免以老莊之學入儒學了。⑰

⑮《孟子》，卷四，「公孫丑章句下」，頁三六，下。
⑯《孟子》，卷四，「公孫丑章句下」，頁三四，上。
⑰參考：楊向奎，前引文，頁十。

總結以上的討論，我們可以說，中國學術史上的注疏傳統有因襲舊學的一面，也有培養新知的一面。南宋孝宗（在位於一一六二——一一八九）淳熙六年（公元一一七九年），朱子賦詩和陸九齡（一一三二——一一八〇），有「舊學商量加邃密，新知培養轉深沉」之句，這首詩固然是朱子稱頌鵝湖之會（公元一一七五年）以來二陸兄弟之進境而作。但是，商量舊學、培養新知實在也是中國注疏傳統的最佳寫照。

三、朱子《孟子集註》的因襲面與創新面

上文對中國學術史上的注疏傳統作了一般的觀察，以下我們再就朱子所撰的《孟子集註》為中心作進一步的分析，由這一個代表性的例子來研究中國經典注疏的特質。

從學術思想史的角度來看，朱子著《四書章句集註》就南宋以前之儒學言為融舊鑄新，綜羅漢魏前儒以迄北宋諸老先生之訓詁經義於一爐而治之；然就南宋以後之儒學傳統言則為開宗立範，朱子注釋《四書》之同時，隨時出之以新義新說，為此下學者開宗風、立矩矱。《四書章句集註》最能具體顯示朱子學因襲面與創新面之二大特質。我們欲一窺中國注疏傳統的特質與朱子學問的藩籬，《四書章句集註》實在是一個重要的依據。

我們先就其因襲面來看。朱子是公元十二世紀中國儒學集大成的人物。這種集大成的歷史

性格於其《四書章句集註》中最能透露其消息。朱子「語孟集義序」嘗云：「漢魏諸儒，正音讀，通訓詁，考制度，辨名物，其功博矣。學者苟不先涉其流，則亦何以用力於此。」⑱朱子爲學極爲重視前儒註疏，從《朱子語類》中，我們也可以發現朱子隨處指示學者漢註唐疏不可偏廢；他自己爲《四書》作集註也隨時徵引前儒舊說，並予以折衷消化，構成一圓融無礙的思想體系。我們欲探討漢魏及北宋儒學如何在朱子學中呈現，則最有效之方法殆在於對《四書章句集註》作一個思想史的分析。

再就其創新面來看，我們可以發現朱子的《四書章句集註》最能體顯中國學術傳統特質之所在。在前文的討論中，我們已經指出，西洋史上所見的思想家多自出心裁，建構自己的哲學體系，經典註疏或眉批雖時或有之，但終究不是思想家表出其思想之根本方式。西洋思想家多各自著書立說以申己見，其所關心之問題或與古哲有一脈相通或隱然相應之處，然絕少以註疏經典之方式寄託一己之哲思。中國的情形與西洋之傳統頗不相同，中國歷代大哲多在闡釋疏解經典之中提出自己的哲學新見，兩漢經師之註解五經，魏晉新道家之註老莊如此，宋明諸老之疏通《四書》更是如此。此種寓一己哲思之新見於經書的訓解之中的傳統，爲中國學術思想發展史的一個重要現象，爲我們所當注意。這一個思想傳統乍見之下，或以爲中國思想歷經二千年而未嘗變

⑱朱子，《文集》，卷七四，頁一三九〇，下。

動，但細按其實則思潮伏流互相激盪，學者在註經解經的同時申之以己意，以新酒裝舊瓶，所以經書之外表仍舊，而其思想之內容已變。就這個特質而言，歷代解經家所行者實係拔趙幟立漢赤幟之工作。

朱子是集宋代新儒學大成的思想家，他結集《四書》以代《五經》，固係不朽之偉業，影響於後世者至深且鉅。朱子之納子思、曾子於孔孟道統之中，尤寓其哲學之新見，而更重要的則是朱子以他自己的哲學立場批導孔孟舊說，於孔孟格局之外另創一新天地。我們如純就哲學立場來說，朱子註孔孟頗多違失先秦孔孟學說宗旨者。但就歷史的角度來看，則從朱子註孟違失之處正可以看出他的宋儒立場及其哲學新見，在思想史上極具意義。

關於《論語集註》中朱子與先秦儒學歧出之處，錢賓四先生已有精審研究。⑲本節專以《孟子集註》一書爲中心，分析朱子所撰集註之因襲義及其創新義，⑳並就其思想史上的涵義略作討論。

朱子註孟之因襲面綜羅漢魏諸儒解經之成果，充寓「經學」之精神；這一點和他註孟的創新

⑲錢穆，「從朱子論語註論程朱孔孟思想之異同」，《清華學報》，新四卷二期（一九六四年二月），頁五〇—七五。

⑳關於朱子對孟學本身之解釋，另詳：Huang Chun-chieh, "The Synthesis of Old Pursuits and New Knowledge: Chu Hsi's Interpretation of Mencian Morality," *New Asia Academic Bulletin*, Vol. 3(1982, Hongkong), pp. 197-222.

面中自出心裁，充滿「理學」之作風構成有趣的對比。在《孟子集註》中，朱子引用有宋一代以前典籍之次數共四〇四次，包括屬於經部的典籍一五五次；屬於史部的典籍六四次；屬於子部的典籍三〇次；其他各種字書則共引用一五五次。㉑我們再細查朱子引用各類典籍之總數，則可以發現屬於經部者有十五種；屬於史部者有六種；屬於子部者有二十一種；各種字書則有八種。朱子不僅引用經籍以闡釋孟子，更引用宋以前儒者各種註疏，其次數共三二三次：包括經部典籍的註疏引用一九三次；史部典籍的註疏引用九次；子部書籍的註疏引用十七次；集部書籍的註疏引用四次。㉒從以上有關朱子《孟子集註》中引用書籍次數的統計中，我們顯然可以發現朱子引用典籍及前賢註疏以闡釋孟子，結合了諸橋轍次所謂「直接法」與「間接法」以解釋經典。㉓在引用諸書中，經部典籍所佔比例獨高。這一點最可以顯示出朱子在經學傳統內闡釋先秦孟學之基本立場。史部、子部及集部諸書多係被徵引來闡明此一基本立場，作爲經部諸書論點之附註而已。

但是，我們以上所做的兩個統計尚不足以窮盡朱子對孟學解釋之因襲面。朱子註孟除泛引

㉑引用次數之統計依據大槻信良，「四書章句集註に現れた朱子の態度」，《日本中國學會報》，第五期（一九五三年），頁八五—八六。以下簡稱為「態度」。中譯文見拙譯，「從四書章句集註論朱子為學的態度」，《大陸雜誌》，第六〇卷第六期（一九八〇年六月），頁二七八—九。

㉒大槻信良，「態度」，頁八七；中譯文，頁二八〇。

㉓參考：諸橋轍次，《經學研究序說》（東京：目黑書店，一九四一年），頁三三九—三七二。

經、史、子、集各典籍及其註疏之外，襲用後漢趙岐之舊說的次數亦甚爲可觀，這是《孟子集註》中最可注意的一個現象。朱子嘗云：「解書難得分曉。趙岐孟子拙而不明，王弼周易巧而不明。」㉔他對孟子趙氏註評價甚低，但據我們統計，通貫《孟子集註》全書各章，朱子引用或因襲趙氏註者共高達五八〇次，㉕包括有關文字訓詁者共三一七次；有關史實人名者共一二一次；有關章旨文義者共八十四次；有關國名地望者共三〇次；有關經典出處者共十五次；有關古代制度者共十三次。

就以上統計所見，朱子襲用趙氏註者以有關文字訓詁者爲最多，史實人名次之，兩者共計四三八次，佔總數之絕大多數。由此可見，就朱子觀之，趙註之長處在文字訓詁及史實人名之考證上。其次，有關國名地名、經典出處、古代制度之訓解，朱子之從趙氏者共五十八次，蓋以趙氏近古，所論古制及地望之考證較爲可信，故朱子多從之。

朱子在章旨文義的闡釋上從趙氏者共計八十四次，爲數不少。但我們進一步細究其實，則可發現朱子在章旨文義上襲用趙氏註者多屬於訓詁之範疇，如「孟子見梁惠王」章，趙氏註曰：

㉔黎靖德編，《朱子語類》（臺北：正中書局影印一二七〇年刊本），卷五一，頁一九九一。

㉕大視信良氏之統計為四九四次（見：「態度」，頁八七），此與筆者統計略有出入，然此並不意味兩者間有重大歧異。因大視氏係以朱子引用趙氏之說一次計一點，筆者則分六類計算，朱子引用趙註之同一條中可能分屬於一種以上之範疇，應分別計算，故筆者所統計之次數較統大視氏所計者為多。

「所謂利，蓋富國强兵之類」，朱子從之曰：「趙岐註云，孟子知王欲以富國强兵爲利。」至於有關重要哲學概念如「仁」、「義」等之訓釋，則朱子多出自一己之心裁，極少盲從漢魏先賢的說法。

從上文對朱子《孟子集註》的因襲面所作的討論中，我們可以看出朱子對先秦經典以及漢註唐疏均以自己的哲學立場加以取捨裁成，因革損益，而非完全承襲舊學之矩矱，這一點最可以顯示出朱子爲學的集大成性格，也可以反映出宋儒以主觀的立場追求知識的統一，並進而以批判的態度折衷融會傳統學問的做法。㉖

但是，朱子的《孟子集註》並不以因襲舊學爲惟一鵠的。朱子在承繼舊學的同時也隨時追求新知，提出他自己的哲學新見。這種創新面就思想史的流變而言尤其值得我們注意。因爲朱註的因襲面代表舊傳統的延續，在這種承繼之中朱子只是漢魏隋唐諸儒的註脚；而朱註的創新面則代表新格局的開展，在這種開展之中朱子爲此下七百年間的儒學思潮立宗範定規模。朱子在中國儒學史上的歷史地位正在這種新舊遞嬗之中透露無遺，而朱子思想的重要特質正在於他能在舊傳統的延續與新思潮的展開之間維持一個穩定的平衡關係。

我們再進一步來考察《孟子集註》中朱子思想的創新面。通讀《孟子集註》，我們可以發

㉖武內義雄認為這一點是宋儒為學最大的特色，其說甚是。見：武內義雄，「宋學の由來及びその特殊性」，收入：《武內義雄全集》（東京：角川書店，一九七九年），第四卷（儒教篇三），頁三〇七。

現，朱子註孟之中所顯示的哲學新見與立場至少有以下幾個方面：

一是：理的觀念的創發。陳榮捷先生已指出，「理」作爲一個哲學觀念在宋儒以前並未獲得充分的發展，先秦時代對理的哲學觀念有大貢獻者在法家及道家。而在古代儒家中，具有道理意義的「理」之廣泛發展，不在孟而在荀。㉗孟子書中，「理」字做義理、道理解者僅乙次，此即告子篇所云：「心之所同然者何也？謂理也，義也。聖人先得我心之所同然耳。故理義之悅我心，猶芻豢之悅我口。」㉘我們可以說，通貫《孟子》全書，「理」作爲抽象哲學觀念之用法尚不普遍。

朱子註孟則自出心裁，完全站在「理」學的立場闡釋孟學。這一點不僅可以顯示朱子的宋儒觀點，也可以體顯朱子學的要義乃在於「理」這一個觀念之通貫其哲學體系。朱子採取以「理」爲中心的哲學立場釋孟，故集註全書處處所顯示者乃朱學而非孟學之精神，我們於朱註最能獲得朱子以新酒入舊瓶的消息。這種消息在以下二個例子中表現得尤其明顯：

㉗陳榮捷，「新儒學『理』之思想之演進」，收入：陳榮捷，《王陽明與禪》（臺北：無隱精舍，一九七三年），頁二〇—六八，特別是頁二四。並參考：Wing-tsit Chan, "The Evolution of the Neo-Confucian Concept li as Principle", *Tsing-hua Journal of Chinese Studies* n. s. 2 (1964), pp. 123-149.

㉘《孟子集註》（四部備要本，下同此），卷六，「告子章句上」，頁六，上半頁—下半頁。

第一、朱子取「理」之立場闡釋孟子的「仁」「義」「禮」「智」等觀念。孟子屢言，「仁」「義」「禮」「智」根於心。在孟學體系中人心具有此四善端。孟子言此四端，多就具體之行爲立論，從未指涉抽象的原理。[29]然朱子闡釋「仁」「義」則云：「仁者，心之德，愛之理也。義者，心之制，事之宜也。」[30]朱子以「理」爲宇宙萬物所共有的普遍原則，這個哲學立場於其注「仁」「義」二觀念中透露無遺，從朱子注中，孟子原義中特殊的指涉範圍已經上提而指一般普遍之行爲原理了。朱子繼於「孟子見梁惠王」章以「天理」與「人欲」對立之觀念進一步釋孟子的「仁」「義」這兩個觀念。根據朱子的解釋，仁義根於人心，是人之所固有，是「天理之公也」；而好利之心是生於物我之相形，是「人欲之私也」。人依循天理而行，則不求利，而自無不利；如循人欲而行，則求利未得，而害又隨之。[31]

朱子在這裡提出「天理」之觀念最值得我們注意，因爲從這裡最可以看出朱子以「理」爲中心的哲學觀念。朱子於「齊宣王問曰交鄰國有道乎」章註云：「天者，理而已矣。大之字小，小之事大，皆理之當然也。自然合理，故曰樂天。不敢違理，故曰畏天。」[32]他又認爲「天」就是

[29]參考：錢穆，「從朱子論語集註論孔孟程朱之異同」，頁五五。
[30]《孟子集註》，卷一，「梁惠王章句上」，頁一，上。
[31]《孟子集註》，卷一，「梁惠王章句上」，頁一，下。
[32]《孟子集註》，卷一，「梁惠王章句下」，頁十五，上。

「理勢之當然」㉝。朱子又解釋孟子：「仁，人之安宅也。義，人之正路也」一句說：「義者，宜也。乃天理之當行，無人欲之邪曲，故曰正路。」㉞我們可以說，「理」是朱子全部哲學的中心觀念，故朱子註孟處處均透過「理」這個基本立場來解釋孟學，所以認爲整個宇宙就是一個客觀的理則秩序。因此，人類必須努力來窮究這個客觀的「理」。孟子說：「舜明於庶物，察於人倫。」朱子作這樣的闡釋：「明，則有以識其理。……察，則有以盡其理之詳也。物理固非度外，而人倫尤切於身。故其知之，有詳細之異。」㉟

第二、朱子以「理」的觀念解釋孟子之「性」，並以「性」等同於「理」。這一點在朱子註告子上「告子曰：生之謂性」章最能見其意旨：㊱

> 愚按：性者，人之所得於天之理也。生者，人之所得於天之氣也。性，形而上者也。氣，性而下者也。人物之生，莫不有是性，亦莫不有是氣。然以氣言之，則知覺運動人與物莫不異也。以理言之，則仁義禮智之稟，豈物之所得而全哉。此人之性，所以無不善、而為萬物之靈也。告子不知性之為理，而以所謂氣者當之。是以杞柳湍水之喻，食色無善無不

㉝《孟子集註》，卷四，「離婁章句上」，頁四，下。
㉞《孟子集註》，卷四，「離婁章句上」，頁七，下。
㉟《孟子集註》，卷四，「離婁章句下」，頁十八，下。
㊱《孟子集註》，卷六，「告子章句上」，頁二，上。

善之說，縱橫繆戾，紛紜舛錯。而此章之誤，乃其本根所以然者。蓋徒知知覺運動之蠢然者，人與物同，而不知仁義禮智之粹然者，人與物異也。孟子以是折之，其義精矣。

孟子此章共六十二字，朱子除於各句加以分疏之外，並在全章之末寫了這篇長達二百零七字的疏解。我們細按其說，則可見朱子所闡釋者並非孟學之原意，而是借孟學以抒其一己之哲學主張。伊川朱子一系宋儒力持「性卽理」之哲學主張，朱子取之以註孟，故朱子之見解乃時時呈現。朱子以「理」釋孟子之性，其例不勝枚擧。如孟子註「滕文公爲世子」章時，就認爲，《孟子》書中所一再出現的「性」這個概念就是「人所稟於天以生之理」，它渾然至善，未嘗有惡。一般人與聖人堯舜並無絲毫差異，但衆人因汨於私欲而失其本然之善，而堯舜則無私欲之蔽而能充分發揮其善性，如此而已。㊲根據朱子這樣的解釋，則孟學中以「性」爲德性主體的意義變成晦而不彰，朱子以「理」釋孟子之「性」則「性」乃一轉而成爲客觀存在之外在秩序了。孟子性善論所欲肯定者乃是價値意識內在於自覺心這一個觀點，孟子所謂「性」乃就本質立場而言，其涵義略近於亞里斯多德所謂的「essence」。㊳朱子以客觀外在秩序來解釋「性」，其哲學立場與孟子相背反。因此，純粹就孟學之哲學傳統來看，則牟宗三先生說朱子於孔孟乃「別子爲宗」實爲確切

㊲《孟子集註》，卷三，「滕文公章句上」，頁一，上。
㊳參考：勞思光，《中國哲學史》（香港：香港中文大學，一九六八年），頁九六—九七。

不移之論。㊴

但我們必須在此附帶說明，朱子註孟所取以作爲中心意旨的「理」這一個觀念實指外在於人心之客觀秩序而言。就朱子的系統而言，「思維」與「存在」已析而爲二，「理」即是內在於一切客觀存在之中之自然秩序或法則。「理」本身是只「存有」而不「活動」(merely being but not at the same time activity)。㊵就這一個思想特質來說，朱子學系統實與孟子根本不相契。孟子將人類之思維與宇宙之客觀存在合而爲一，故有盡心知性知天，乃至上下與天地同流之說。如就朱子所持的「理」的哲學而言，我們可以說朱子是採取「理性主義者」(rationalist)的心態來疏解孟子的浪漫主義者(romanticist)的哲學，因此，朱子的疏解與孟學不相契實有其哲學背景上的原因。

朱子取「理」這個觀念以貫通孟子。所以他以爲孟子七篇所言均是性善之「理」。朱子註「滕文公爲世子」章時，㊶曾特別指出，孟子之言性善，始見於此章，而詳具於告子篇。但讀者默識而旁通之，則孟子全書七篇可說無非這個道理。朱子認爲程子之所以稱讚孟子擴前聖之未發而有

㊴牟宗三，《心體與性體》，(臺北：正中書局，一九六八—一九七三年)，第一冊，第一部，「綜論」，頁四九—五一。

㊵同上書，第一冊，頁五八。

㊶《孟子集註》，卷三，「滕文公章句上」，頁一，上。

功於聖人之門，就是因為孟子性善這個「理」。朱子從「理」這個角度來解釋孟子的思想體系，這一種做法最能體現朱子以理學釋孟學之大體傾向。

二是：二元論 (dualism) 的建立。除了以上所述「理」的哲學觀念的創發之外，朱子註孟所顯示者皆為二元論之哲學立場。關於這個創新面，又可分為三節疏解如下：

第一，「理」「氣」二分：朱子註「孟子曰：人之所以異於禽獸者幾希」章，認為所有的動物人類都同時得到天地之理以為性，同得天地之氣以為形。人與動物所不同的是，人在所有的動物之中得形氣之正道，所以能保全他們天賦的本性，這種差別非常微妙，雖然細微但這種差別正是人類與一般動物最大的不同之處。[42] 朱子在此所說的這一段話很能體顯朱子學中「理」「氣」對蹠的宇宙觀。在朱子的系統中，「理」即是本體，「氣」即為現象。此一「理」「氣」二分之觀念與下文所言「天理」「人欲」二分及「性」「情」(或才) 二分之觀念相呼應。

第二，「天理」「人欲」二分。朱子闡釋孟子首章中孟子以「仁義」對梁惠王之問的要旨時，就接觸到這個問題，朱子認為：「仁義根於人心之固有，天理之公也。利心生於物我之相形，人欲之私也。循天理，則不求利，徇人私，則求利未得，而害已隨之。」[43] 如果我們通讀朱子《孟子集註》，就可發現朱子主張「天理」及「人欲」皆內在於人性之中，人必須去「人欲」

[42]《孟子集註》，卷四，「離婁章句下」，頁十七，下半頁—頁十八，上。
[43]《孟子集註》，卷一，「梁惠王章句上」，頁一，下—頁二，上。

存「天理」，所以朱子特別重視後天的工夫。朱子曾以一百七十九字釋梁惠王下「齊宣王問曰：人皆謂我毀明堂」章云：㊹

> 愚謂：此篇自首章至此，大意皆同。蓋鐘鼓苑囿遊觀之樂，與夫好勇好貨好色之心，皆天理之所有，而人情之所不能無者。然天理人欲，同行異情。循理而公於天下者，聖人之所以盡其性也。縱欲而私於一己者，衆人之所以滅其天也。二者之間，不能以髮，而其是非得失之歸，相去遠矣。故孟子因時君之問，而剖析於幾微之際。皆所以遏人欲而存天理。其法似疏而實密，其事似易而實難。學者以身體之，則有以識其非曲學阿世之言，而知所以克己復禮之端矣。

朱子又解釋「孟子曰：矢人豈不仁於函人哉」章中孟子言「夫仁，天之尊爵也，人之安宅也」這一段話的涵義，認爲人如能保有本心全體之德，則有天理自然之安，而無人欲陷溺之危。人必須常在其中而不可片刻稍離。他認爲孟子所謂「安宅」就是指「天理自然之安」而言，㊺這種說法顯然以「天理」與「人欲」爲相對立的敵體。

第三，「性」「情」（「才」）二分。這個二分法的觀念與以上「人欲」「天理」二分之觀念密切相關。在孟子的用法中，「心」「性」「情」「才」皆是一事，孟子所謂之「性」乃係指性

㊹《孟子集註》，卷一，「梁惠王章句下」，頁十九，下—頁二〇，上。
㊺《孟子集註》，卷二，「公孫丑章句上」，頁十三，上。

體之實或人之本性之實而言。㊻但朱子集註則賦「才」及「情」以獨立之涵義，並以「才」「情」對「性」而言。朱子註解「公都子曰：『告子曰：性無善無不善也』」章，認爲相對於「性」來說，「情」是「性」的運動狀態。就人類的原初狀態來說，人可以爲善而不可以爲惡，人性本來就是善的。㊼關於「才」這個觀念，朱子曾說：「才，猶材質，人之能也。」㊽依照朱子以上的說法，我們可以發現：朱子認爲，性之本體是善，「發出來是情，會或能這樣去發的是才」。㊾朱子又引程伊川之言進一步提出「性卽理」的主張，認爲聖人堯舜和一般愚夫愚婦都天生而具有「理」；但各人的「才」則是由「氣」所賦予，而因爲「氣」有清濁之別，所以得到「氣」的清的部份的人就成爲賢人，得到「氣」的濁的部份的人就成爲愚人。但不論賢人或愚人都可以達到善的境界而同歸到「性」的本然狀態。㊿朱子十分贊同程子有關「性」「才」「氣」的哲學見解，認爲程子的說法比孟子好。他說：「程子此說才字，與孟子本文小異。蓋孟子專指其發於性者言之。故以爲才無不善。程子兼指其稟於氣者言之，則人之才，固有昏明强弱之不同矣。張子所謂氣質之性是也。二說雖殊。各有所當。然以事理考之，程子爲密。蓋氣質所稟，雖有不

㊻牟宗三，《心體與性體》，第三册，頁四一六—四一七。
㊼《孟子集註》，卷六，「告子章句上」，頁四，上。
㊽同上書，頁四，上—下。
㊾牟宗三，《心體與性體》，第三册，頁四二〇。
㊿《孟子集註》，卷六，「告子章句上」，頁五，上。

善，而不害性之本善。性雖本善，而不可以無省察矯揉之功。學者所當深玩也。」[51]在朱子這樣的解釋之下，「性」與「才」或「情」皆二分，而根據朱子的體系，「性」卽「理」，「才」出於「氣」，故「性」「才」（或「情」）二分實卽爲「理」「氣」二分的必然結果。

三是：認識心的顯著。朱子註孟所顯示的這個哲學傾向和他思想中「理」的中心觀念甚有關係。在前文的討論中我們曾指出，朱子註孟所採取者實爲理性主義者的立場，所以朱子以爲物理人倫皆有可循可按的客觀理則。朱子解釋「舜明於庶物，察於人倫」章，認爲所謂「明」就是指舜以其認識心來識解宇宙的理則；而所謂「察」，是指舜「有以盡其理之詳」這個事實而言。因爲「物理固非度外，而人倫尤切於身。故其知之，有詳略之異。」[52]順此疏釋，則孟子原文中「人之所以異於禽獸者幾希」中所涵蘊之「性善」之超越意義乃晦而不彰。從哲學立場而言，朱子實將「存在」與「思維」析而爲二，力求以人之「思維」窮究「存在」之理則。此一特殊傾向於其疏解孟子「盡心知性知天」一章最能窺其消息。朱子云：[53]

> 心者，人之神明所以具衆理而應萬事者也。性則心之所具之理，而天又理之所從出者也。

孟子所謂盡心知性知天乃一縱貫之系統。就人的無限超越性而言，孟子以爲人的思維可與外在的

[51] 同上註。
[52] 《孟子集註》，卷四，「離婁章句下」，頁十八，上。
[53] 《孟子集註》，卷七，「盡心章句上」，頁一，上。

客觀存在通體爲一。故就孟子之體系言，此心是超越心，亦是直覺心。然依朱子之集註，則「思維」既與「存在」析而爲二，故此心乃成爲相對於客觀秩序之認識心。朱子此一思路在其總結本章大旨時表露無遺：[54]

> 愚謂：盡心知性而知天。所以造其理也。存心養性以事天。所以履其事也。不知其理，固不能履其事。然徒造其理，而不履其事，則亦無以有諸己矣。知天而不以殀壽貳其心、智之盡也。事天而能修身以俟死，仁之至也。知有不盡，固不知所以為仁。然智而不仁，則亦將流蕩不法，而不足以為智矣。

朱子註孟既將直覺心一轉而爲認識心，故必特重後天之工夫之累積及修治，而不重先天稟賦之擴充。所以，朱子解釋孟子曰：「萬物皆備於我矣」這一句話時，就認爲這句話是指所謂「理之本然」而說。因爲大則君臣父子，小則事物細微，都有其當然的「理」，而這種「理」則無一不具於性分之內。[55]在朱子看來，「物」「我」是透過「理」始能合一，所以人須努力探求研究此「理」，去其私意，因爲如有「私意之隔」，則理卽不純。反之，「心公」則「理得」。[56]所以我們可以說，朱子的道德論特重後天的工夫，這點實與他對心的認識有必然之關係。

[54]《孟子集註》，卷七，「盡心章句上」，頁一，下。
[55]《孟子集註》，卷七，「盡心章句上」，頁二，上。
[56]同上註。

在以上的討論中，我們對朱子的《孟子集註》做了比較細部的分析。在這種分析中，我們可以很明顯地發現，朱子的《孟子集註》是中國學術史上一部很能代表注疏傳統的作品。從《孟子集註》中，至少反映了中國注疏傳統兩個特點：

一是寓創新於因襲之中：從浮面觀察，朱子註孟貌似闡釋孟學舊義，其實朱子多提出一己之新見，如「理」之觀念之運用，「理」「氣」二分觀念之提出，「天理」「人欲」二分觀念之建立……等皆可謂以新酒入舊瓶。這一點最可顯示傳統中國思想家表出其哲學見解的典型方式，這是中國注疏傳統最大的特點之一。這一項事實就其表面看則中國思想史數千年之發展似呈現一種停滯狀態，因大哲如朱子尙以延續經典爲其要務；但我們如再就更深一層思考，則朱子實係寓創新於因襲之中，偷天換日，《四書章句集註》中所見之器雖仍舊觀，然道則已非原貌矣。所以，我們如專就朱子註孟移商換羽這個事實而言，傳統中國思想史之演進實可稱之爲「傳統中之變遷」(changes within tradition)。[57]

二是融舊乃所以鑄新：傳統中國學者在追求知識的過程中，不斷地努力於消化舊學，表面上看，這是一項消極性的工作。但是，我們再往深一層看則可以發現，在消極性的表面工夫的裡層實有一股積極性的動機，這就是鑄造新學的企望。唐代的《五經正義》具有這項特質，朱子的《

[57] 劉子健氏嘗謂宋代中國之變遷乃「傳統中之變遷」，今略師其意而借用其名詞。參考：James T. C. Liu, "The Neo-traditional Period in Chinese History", *Journal of Asian Studies*, 24 (1964), pp. 105-107.

四書集註》更表現出這種特殊精神。我們就以朱子爲例來作進一步討論。

朱子在《禮記》中特別抽出《大學》《中庸》二篇，取之以配論孟，合爲《四書》，以《四書》取代《五經》。朱子不僅在形式上對經書之構成作改變，而且也在其《四書章句集註》中作各種努力將四書之思想內容加以融會貫通，以形成一個新的思想體系。

朱子這種融四書爲一體系的努力，我們可以從兩方面觀察：一是朱子建立孔子——曾子——子思——孟子的道統順序；[58] 二是引四書之內容以交互闡釋四書本身的涵義。我們在此僅就其《孟子集註》作一考察。通貫《孟子集註》全書，朱子欲融滙四書於一爐而冶之的意圖極其明顯。據近人統計，《孟子集註》中引《論語》十三次，引《孟子》十次，引《大學》及《中庸》各二次。[59] 我們再作進一步分析，則可以發現朱子實欲以《大學》通貫《孟子》，前引朱子釋孟子「盡心知性知天」之意云：「以大學序言之，知性則物格之謂。盡心，則知至之謂也。」[60] 朱子欲以大學「格物致知」解釋孟學重要觀念如「心」「性」「天」之意圖甚是明顯。就上文所見，朱子註《孟子》此章時，其「大學章句序」已完成，故其時必在孝宗淳熙十六年（一一八九）之後。朱子是年六十歲，完成大學及中庸兩章句序，這兩篇序文所展示者是朱子學問最成熟的時代的哲學見

[58] 參考：陳榮捷，「朱子道統觀之哲學性」，《東西文化》，第十五期，（民國五十七年九月），頁二五－三二。
[59] 大槻信良，「態度」。
[60] 同註[49]。

解。[61]這一項哲學見解是以「理」一觀念爲中心的，朱子在「中庸小序」中，對《中庸》稱讚備至，他說：「其書始言一理，中散爲萬事，末復合爲一理。放之則彌六合，卷之則退藏於密，其味無窮，皆實學也。」[62]如就朱子學卽物窮理不事玄思的性格看，我們可以說，朱子思想係以「實學」爲其基本特徵。故朱子釋孟子所云：「誠者，天之道也。思誠者，人之道也」一句云：[63]

> 誠者，理之在我者。皆實而無僞，天道之本然也。思誠者，欲此理之在我者。皆實而無僞，人道之當然也。

這種講法是以「理」來貫通孟學中極富於超越意義的「誠」這個觀念。朱子又說：[64]

> 此章述中庸孔子之言。見思誠為脩身之本。而明善又為思誠之本，乃子思所聞於曾子。而孟子所受乎子思者，亦與大學相表裏，學者宜潛心焉。

朱子在此註中力言《中庸》與《大學》相表裡，並取之以釋《孟子》，凡此皆可以看出朱子要在《四書》中求其滙通的努力。

[61] 參考：市川安司，《朱子——學問とその展開——》（東京：評論社，昭和四十九年），頁一三四—一三八。
[62] 《中庸章句》（四部備要本），頁一，上。
[63] 《孟子集註》，卷四，「離婁章句上」，頁八，上。
[64] 同上註。

從以上這項觀察引申來說，我們可以認爲，朱子注解《四書》是他表達思想的一個手段，而不是他的目的。他的目的是在建立一套他自己的思想體系。這種以疏解經典的方式來建構自己哲學系統的做法不僅朱子一人爲然，中國學術史上絕大部份的學者也都是如此。

四、結論

在人類的文明史上，人類曾經經歷過許多次具有重大歷史意義的革命。如果我們說新石器時代的「農業革命」使人類由採集食物走向生產食物，是人類控制生活環境的一大革命的話，那麼，公元前第一個千紀之內，希臘、以色列、印度、中國等古文明所經歷的所謂「哲學的突破」("philosophic breakthrough")則是人類以理性來解釋其所處的宇宙自然環境的思想上的大革命。在這場大革命之中，中國文化表現得最爲溫和。這一項特點已爲當代許多學者所指出。[65]但何以中國文化傳統在其「哲學的突破」的過程表現得較其他世界古文明爲溫和？

這是一個河漢無極而不易有簡易答案的問題。但我們從本文所討論的中國學術史上的注疏傳統中，可以覓得若干具有啓示性的消息，作爲我們思考這個大問題的張本。正如我們在本文開始

[65] 社會學家派森思（Talcott Parsons）首發此論，余英時先生近來亦有詳細分析。參看：余英時，《古代知識階層史論》《古代篇》（臺北：聯經出版公司，民國六十九年），頁三〇—三八。

時所指出的，中國的文化及學術傳統寄託在先秦時代的幾部經典之中。幾千年來中國學術的發展就表現在對這一套經典（《五經》或《四書》）的訓解詮釋之上。傳統中國學者在表達他們的哲學思維的時候，在探索知識上的未知世界的時候，極少拆碎先賢思維的七寶樓台而自己搭建一個嶄新的建築。相反地，他們都在古聖先賢的餘蔭之下來從事思考。他們一方面通過經典舊籍，一方面從對經典舊籍的解釋中開創一個思想上的新局面。中國文化傳統中這種特質早已具體地呈現在孔子的身上。正如余英時先生所指出的，「孔子一方面『述而不作』，承繼了詩、書、禮、樂的傳統，而另一方面則賦予詩、書、禮、樂以新的精神與意義。」[66]孔子之所以爲中國文化傳統中偉大的導師，其原因正在於此。

中國傳統這種守舊以開新，寓開來於繼往的文化特徵，不僅使得早期中國文明在經歷「哲學的突破」的時候表現得特別溫和；而且也使中國文明的發展顯示出一種極其強烈的「歷史延續性」。中國學術與文化的發展，數千年來一脈相承，缺少戲劇性的、里程碑式的大變化。絕大多數學術思想上的變局都在風平浪靜的經典詮釋之中完成。在這種經典詮釋之中，新與舊之間、古與今之間、乃至傳統與現代之間不是對立的，而是透過一個辯證性的方式結合在一起。這種在新舊兩個極端中維持創造性的穩定與平衡，正是傳統中國學術與中國文化的一項偉大成就。

[66] 見：余英時，《中國知識階層史論》《古代篇》，頁三三。

圖版五：李朝儒者丁茶山像

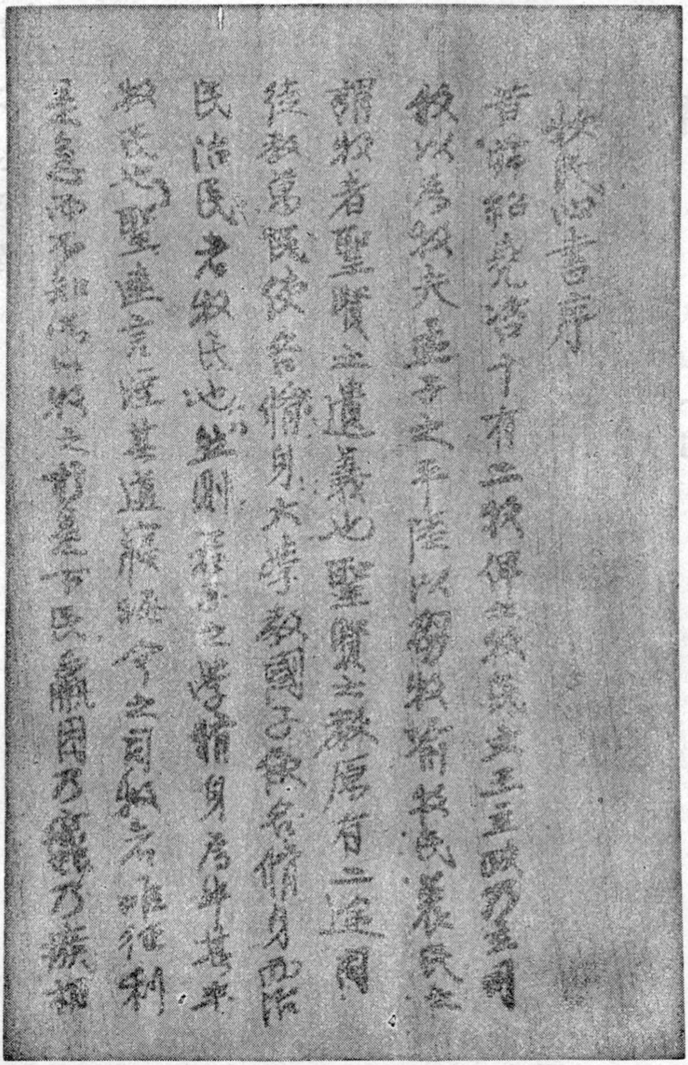
牧民心書序
昔舜紹堯咨十有二牧俾之牧民文王立政乃立司
牧以為牧夫孟子之平陸以芻牧喻牧民養民之
謂牧者聖賢之遺義也聖賢之教原有二途司
徒教萬民使各修身大學教國子使各修身而治
民治民者牧民也然則君子之學修身為半其半
牧民也聖遠言湮其道寖晦今之司牧者唯征利
是急而不知所以牧之於是下民羸困乃瘰乃瘯

圖版六：丁茶山墨蹟：《牧民心書》序文

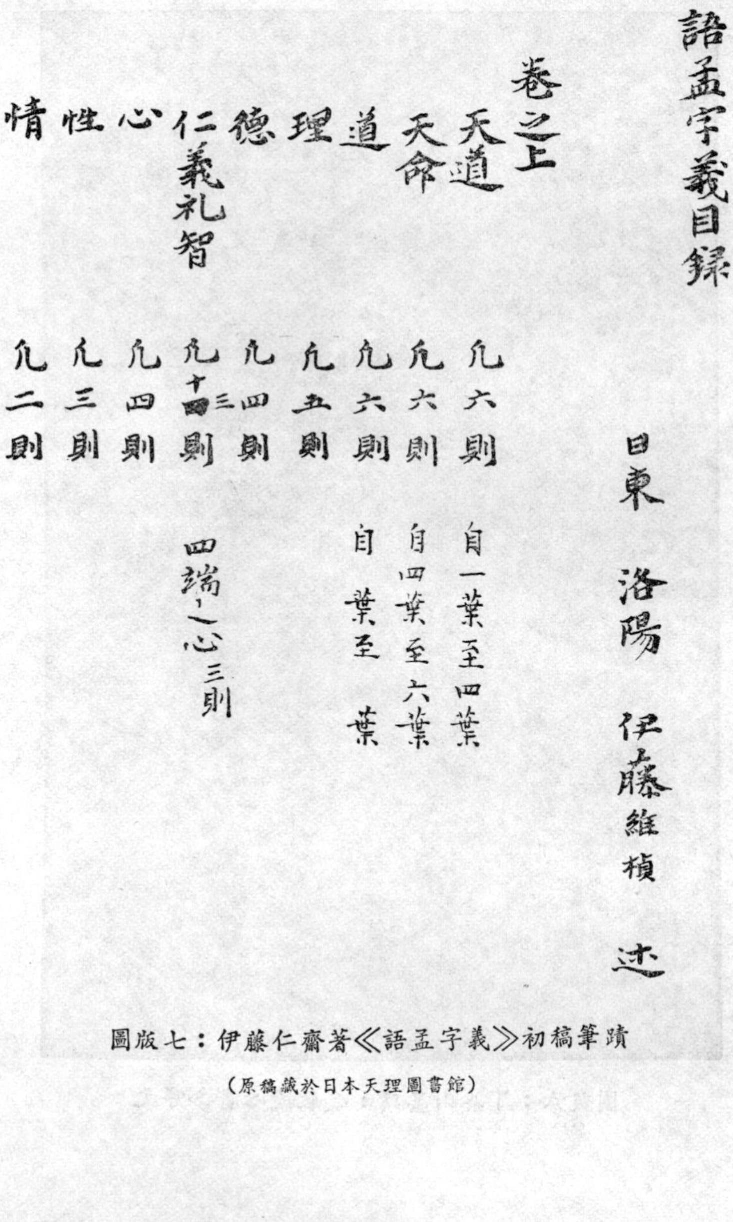

語孟字義目録

日東 洛陽 伊藤維楨 述

卷之上

天道 凡六則 自一葉至四葉

天命 凡六則 自四葉至六葉

道 凡六則 自 葉至 葉

理 凡五則

德 凡四則

仁義礼智 凡十三則 四端之心三則

心 凡四則

性 凡三則

情 凡二則

圖版七：伊藤仁齋著《語孟字義》初稿筆蹟

（原稿藏於日本天理圖書館）

三、東亞近世儒學思潮的新動向

——戴東原、伊藤仁齋與丁茶山對孟學的解釋

一、問題的提出

元仁宗皇慶二年(西元一三一三年)是東亞近世儒學發展史上的一個重要年代。從這一年起，朱子(一一三〇——一二〇〇)的《四書集註》成爲科學考試之官定本。透過考試制度的實施，朱子學成爲官學，亦對此下七百年間儒者的思想產生深刻的影響。❶朱子學以官學之尊，居於

❶關於朱子在中國儒學史上承先啓後的歷史地位，參看：錢穆《朱子新學案》(臺北：三民書局，民國六十年)，第一冊，《朱子學提綱》，頁二三—三五。

學術正統之地位，此就一方面言之，朱子學固因得政權之羽翼而廣爲流布；②然就另一方面言之，則朱子學從南宋時代被政權斥爲「僞學」一躍而爲官學。這種地位的轉變，不僅使儒學傳統中「聖之淸」與「聖之任」這個價值取向的兩難式爲之突顯③，也引起了此下數百年間反朱學思潮之興起。

這種反朱子學思潮不僅出現於淸代的中國，也見之於德川時代（一六〇〇——一八六八）的日本以及李朝時代（一三九二——一九一〇）的朝鮮。就其思想的性質而言，則東亞近世儒學史上的反朱學者多不以反朱子學爲已足，而對整個宋學展開嚴厲的批判。東亞近世儒學史上反朱子學的興起不僅在空間上廣及中日韓三地區，在時間上也涵蓋十七、十八及十九世紀三百年。就其所表現的思想內容而言，則反朱學者多循經典疏解之途徑以達其反朱學之目的。其中尤以淸儒戴

②關於朱子學在元代之興起，參考：Wm. Theodore de Bary, "The Rise of Neo-Confucian Orthodoxy in Yüau China," 收入：氏著 *Neo-Confucian Orthodoxy and the Learning of the Mind-and-Heart* (New York: Columbia University Press, 1980), Chap, I 此文之日譯本，見：籾山明抄譯，「元代における道學の興隆」，《東洋史研究》，第三八卷第三號（昭和五十四年十二月），頁五二一—一〇五。此文最後三節之中文譯文，見：狄百瑞著，侯健譯，「元代朱熹正統思想的興起」，《中外文學》，第八卷第三期（民國六十八年八月一日），頁六六—六七。

③另詳拙作，「儒學價值系統中的兩難式——『元代朱熹正統思想之興起』讀後，」《中外文學》，第八卷第九期（一九八〇年二月），頁一〇〇—一〇六，收入：拙著，《歷史的探索》（臺北：東昇出版事業公司，民國七十年），頁一六七—一七五。

震（東原，一七二四——一七七七），德川儒者伊藤仁齋（維楨，一六二七——一七〇五）及李朝晚期儒者丁若鏞（茶山，一七六二——一八三六）最足爲其代表。

戴東原、伊藤仁齋及丁茶山三氏爲東亞近世儒學史之大儒，著述宏富，於先秦儒學舊籍闡述甚豐，而最引人注意者則是三氏於孟子之學皆有所論述。東原著《孟子字義疏證》（一七七七年）、仁齋著《語孟字義》（一六八三年）、茶山著《孟子要義》。三氏於疏解孟學之同時，莫不極力排擊朱子對孟學以及儒學傳統的解釋。揆三氏所生之年代先後，仁齋最早，東原次之，茶山最晚，三氏年代前後相去百餘年，然細按三氏疏解孟學時所呈現之思想內容則又若合符節。此一事實爲東亞儒學史上極富歷史意義之事件，特值吾人注意。就比較思想史之立場言，此一事實中蘊涵下列幾個問題值得追索：伊藤仁齋、戴東原及丁茶山所處之時代背景及社會環境迥不相同，然三氏均透過對孟學之疏解而攻排朱子，其原因何在？此一事實具有何種歷史意義？三氏之孟學觀及其反朱子學之內容如何？此種內容就思想史之立場應如何理解？凡此皆爲極具意義而值得探討之歷史問題。

回顧學界對於此一問題之研究業績，似以對三個思想家作個別研究者多，作比較研究者少。而有關比較研究者尤集中在伊藤仁齋與戴東原，對李朝儒學之問題較爲忽略。早在十八世紀，德川晚期的日本學者豬飼敬所（一七六一——一八四五）就已指出，戴東原的《孟子字義疏證》與伊藤仁齋的《語孟字義》在反宋學立場上有其相似之處，豬飼氏並以「不得《孟子字義》而考其說」爲憾。❹此下彼邦學人如狩野直喜❺，靑木晦藏❻，高橋正和❼等皆於此一問題有所論述。余英時敎授在一九七四年亦著文重新檢討此一問題，反駁日人所謂仁齋影響及於乾隆朝儒者之說法，指出仁齋東原兩家之言乃儒學由「尊德性」轉入「道問學」後所必有的一個內在的發展。❽此一問題迄今仍引起學者之注意，如一九七七年六月底在美國加州所召開之「清初思想研討會」上，岡田武彥氏卽以「戴震と日本古學派の思想——唯理論と理學批判論の展開——」爲題宣讀論文。學界對此一問題之探討似仍方興未艾。

本文撰寫之初衷卽在於追隨學界前輩所提出的中日韓思想史比較硏究之呼籲，❾就仁齋、東

❹見：猪飼敬所，《猪飼敬所先生書柬集》，收入：關儀一郎編，《近世儒學史料》（東京：飯塚書房，昭和十七年，五十一年）卷三，頁七〇。

❺見：狩野直喜，《中國哲學史》（一九六七年），頁五七四。

❻見：靑木晦藏，「伊藤仁齋と戴東原」，《斯文》，第八編第一章，頁二一—四九；第二號，頁十六—四三；第四號，頁二一—二七；第八號，頁二五—三〇；第九編第一號，頁十九—二五；第二號，頁二一—三一。

❼見：高橋正和，「孟子字義疏證と語孟字義」，《別府大學國語國文學》，一〇，收入：《中國關係論說資料十一》（一九六九年），第一分册（上）；頁五五三—五五六。

❽見：余英時，「戴東原與伊藤仁齋」，《食貨月刊》，復刊四卷九期（一九七四年十二月），頁三六九—三七六。

❾一九六六年三月阿部吉雄敎授在東京大學文學院退休前的最後演說，就曾呼籲日本學者掙脫日本民族中心論，以比較之立場硏究中日韓新儒學之發展。見：阿部吉雄，「日鮮中三國の新儒學の發展を比較して」，《東京支那學報》，第十二號，頁一—二〇。並參看：阿部吉雄，《日本朱子學と朝鮮》（東京：東京大學出版會，一九六五年，一九七五年），第四篇之第一及第二章。一九七六年八月七日上午九時至十二時，余英時敎授在臺北市中華文化大樓以「淸代儒學與知識傳統」爲題發表演說，亦嘗呼籲學者從比較思想史之立場，注意儒學在日韓越等鄰邦之發展。

原、茶山三氏之學及其在東亞近代思想史上之意義略作討論，並就比較研究之可能性試作蠡測。

二、東亞近世儒學思潮的轉向——以孟學解釋爲中心

吾人欲探討伊藤仁齋、戴東原及丁茶山三氏藉闡釋孟學以攻排朱子之事實，則需先觸及孟子學及朱子學流衍之一般狀況。在中國儒學傳統中，孟學發展至第十、十一世紀漸受學者之重視，釋孟注孟者固多，然排孟詆孟者亦不少。⑩至朱子取《孟子》書與《大學》、《中庸》、《論語》合爲《四書》，爲之集註，孟學之經典地位已告確立。朱子註孟有其一貫之哲學立場，不僅努力於貫通《四書》，使成爲一圓融之思想體系，更欲本其所理解之《大學》以闡釋《孟子》，取「道問學」之立場來解釋孟學以「尊德性」爲中心之道德主體思想。⑪就哲學立場言，朱子注孟於孟學之大經大脈如心、性、知言、養氣各節均有重大違失之處。然如專就思想史之立場

⑩另詳拙著：The Rise of the *Mencius*: Historical Interpretations of Mencian Morality, ca. A. D. 200-1200," (Unpublished Ph. D. Dissertation, University of Washington, Seattle, 1980), 第四章："Old Faiths and New Doubts: Sung Perspectives on Mencian Morality"

⑪參看：Huang Chun-chieh, "The Synthesis of Old Pursuits and New Knowledge: Chu Hsi's Interpretation of Mencian Morality," *New Asia Academic Bulletin* Vol. 3 (1982, Hongkong), pp. 197-222. 並參考：牟宗三，《心體與性體》（臺北：正中書局，民國五十八年），第三冊。

言，則吾人可謂朱子殆取宋儒之立場以疏解先秦孟學之舊義，故倚輕倚重固有不同，而解釋內容亦自有仁智之見也。自西元一三一三年以降，朱注四書成爲科擧考試之定本，朱子學乃成爲學術之正統，透過考試制度而對知識階層之思想產生莫大之影響力。然朱子學成爲思想之正統，遂亦激起莫大之反響，自十七、十八世紀起，清代儒者開始對朱子學及宋代學問傳統展開批判，⑫此一事實皆爲人所習知，吾人不再贅言。

至於《孟子》書之傳入日本的年代，歷來各家說法不一。據近人考證，其事約當奈良朝初期，時在西元第九世紀左右。天長四年（西元八二七年），滋野貞所撰之《經國集》中已引用孟子書之文句，至寬平年間（西元八九〇年代）孟子書已著錄於《日本國見在書目錄》，此下經鎌倉南北朝時代及室町時代，孟子書在日本流傳甚廣，不僅地方學者研習孟子，朝廷幕府及博士家亦講讀傳授。⑬至德川時代，儒學研究大興，派別流衍不可勝數，有朱子學派、折中學派、陽明學派……等等，朱子學派尤爲其大宗，朱子之四書集註亦爲彼邦儒者所熟知，伊藤仁齋透過註孟來反朱卽產生於此一背景。

⑫參考：Mansfield Freeman, "The Ch'ing Dynasty Criticism of Sung Political Philosophy," *JNCBrRAS*, LIX (1928), pp. 78-110.

⑬參考：井上順理，《本邦中世までにおける孟子受容史の研究》（東京：風間書房，一九七二年），尤其是頁二一四。

孟子書何時傳入朝鮮，筆者未遑深究，未敢妄作臆斷。惟丁茶山藉註孟以反朱則有其思想史上之背景。李朝時代，儒學發達，各種學派雜然紛陳，有主治主義學派、性理學派、禮學派、陽明學派、經濟學派以及實學派等。⑭其中尤以研究朱子學爲中心的性理學派最具影響力。韓國朱子學之流衍，首推李滉（退溪，一五〇七——一五七〇）、李珥（栗谷，一五三六——一五八四），踵其後者則爲宋時烈（尤菴，一六〇七——一六八九）及韓元震（南塘，一六八二——一七五一）。彼輩所究心之哲學問題如理氣、本然之性與氣使之性、四端七情、已發未發、人心道心……等均爲朱子學之主要問題，⑮十八世紀實學派之興起以及丁茶山之出現，可以視爲李朝晚期儒者對朱子學之反動，可反映李朝晚期儒學思潮之轉向。

以上簡單說明中日韓三國近世儒學發展之一般狀況。東亞近世儒學思潮波濤壯闊，支派繁多，本文無法一一論列，今僅以儒者對孟學思想體系之闡釋爲中心討論東亞近世儒學思想轉向中若干大趨勢之所在。

大體言之，東亞近世儒者之發展以反朱學及反宋學爲其最顯而易見之特徵，戴東原、伊藤仁齋及丁茶山三氏著作皆充滿反朱及反宋儒的味道。就三氏對孟學之闡釋觀之，此種反朱學及反宋

⑭參考：Key P. Yang and Gregory Henderson, "An Outline History of Korean Confucianism", *Journal of Asian Studies*, XVIII: 2 (Feb. 1959), pp. 259-276.

⑮參考：錢穆，「朱子學流衍韓國考」，《新亞學報》，第十二卷（一九七七年八月一日），頁一——六九。

學之思潮尤表現在以下幾方面：

一是從二元論走向一元論：朱子注孟融舊學與新知於一爐而冶之，博採漢注唐疏及國朝諸老先生闡釋孔孟之學說，並益之以一己之哲學新見成就一新的孟學解釋體系。在此一體系中，二元論之思想實爲一主要之特徵。朱子注孟每以「天理」「人欲」二分，「理」「氣」二分、以「本然之性」與「氣質之性」對言，凡此皆具二元論之色彩。此種二元論之思想模式非僅見之於朱子學者，亦見之於大部份的宋儒。然自十六世紀開始，此種二元論之思想在東亞世界逐漸受到一元論思想的挑戰。這種挑戰至少可以從兩方面來加以觀察：

(1)、理氣二元論的揚棄與氣（或道）一元論的提出：宋儒嚴於理氣之辨，此乃人所習知。此說自十六世紀起開始受到否決。伊藤仁齋云：「蓋天地之間，一元氣而已。或爲陰、或爲陽，兩者只管盈虛消長往來感應於兩間，未嘗止息，此卽是天道之全體。」⑯伊藤氏並明言：「非有理而後生斯氣。所謂理者，反是氣中之條理而已。」⑰伊藤氏之說係以一元論代二元論，他對宋儒所云「天理」「人欲」之說法當然一併而揚棄之，認爲「樂記雖有天理人欲之言。然本出之於老

⑯伊藤仁齋，《語孟字義》（以下簡稱《字義》），收入：井上哲次郎，蟹江義丸編，《日本倫理彙編》（東京：育成會，明治三十四年十二月），卷之五，古學派の部（中），頁十一。

⑰《同上書》，頁十二。

子，而非聖人之言」⑱。伊藤氏亦指出，宋儒理氣之說皆受佛學影響，他說：「大抵宋之一代，禪學大行于天下，文武百官，男女老少，凡識字者，皆莫不學禪，後儒聞其說而不覺，自以其理解吾聖人之書，後學亦只以爲，吾聖人之學眞如此，恬不知怪，可憫也哉」⑲。

對於宋儒理氣二元論的揚棄不僅見之於十七世紀的伊藤仁齋，也見之於十八世紀的戴東原及丁茶山。東原亦嘗指出：「一陰一陽，流行不已，夫是之謂道而已」⑳，並云：「六經、孔、孟之書不聞理氣之辨，而後儒創言之，遂以陰陽屬形而下，實失道之名義也」㉑。東原並據孔子贊易之辭疏通證明，認爲「宋儒以形氣神識同爲己之私，而理得於天。推而上之，於理氣截之分明，以理當其無形無迹之實有，而視有形有迹爲粗」，這種理氣二本之觀念實因「借階於老、莊、釋氏，是故失之」㉒。

丁茶山著《孟子要義》亦極不取於宋儒理氣二分之說，茶山注孟子「富歲子弟多賴麰麥易

⑱《同上書》，頁二二。
⑲《同上書》，頁二四。
⑳戴東原，《孟子字義疏證》（臺北：藝文印書館，無求備齋子學十書，標點排印本），卷中，「天道」，頁二二。此書以下簡稱：《疏證》。
㉑《同上註》。
㉒《同上書》，頁二四。

牙」章嘗雜引先秦典籍及《漢書》、《唐書》等各種史料，指出宋人「以無形者爲理，有質者爲氣，天命之性爲理，七情之發爲氣」之說缺乏古據㉓。茶山亦認爲宋儒此種理氣二分之說法來自佛學。茶山云：「有宋諸先生初年多溺於禪學，及其回來之後，猶於性理之說不無因循，故每曰佛氏彌近理而大亂眞」㉔。

以上簡略討論指出，東原、伊藤、茶山三氏皆在注解孟子之同時，批駁朱子及宋儒之理氣論，此可以看出東亞近世儒學思潮轉向之一斑。

(2)、「氣質之性」與「本然之性」二分說之揚棄與性兼嗜好說之提出：朱子注孟多以「性」「情」對擧，以「天理」與「人欲」對擧，以爲前者乃純粹之善而後者則雜染後天之薰習。此種二分法之人性論觀念亦爲宋儒所發揮。此種說法受到伊藤仁齋嚴厲的批評，仁齋嘗雜引朱子之《孟子集注》中性卽理之說直斥之曰：「故性卽理也之說，畢竟落於無善無不善之說。其謬皆出於强分體用，而不知孔孟之敎皆就人心發動之上論之，而本無未發已發之別。」㉕仁齋又斥宋儒之性論云：「後儒以孔子之言爲論氣質之性；孟子之言爲論本然之性。信如其言，則是非孔子不知有本

㉓丁茶山，《孟子要義》，收入：尹世鐸編輯，《與猶堂全書》（漢城：文獻編纂委員會，一九六○年），第二集第五卷，頁六八○，上。以下簡稱《要義》。
㉔《同上書》，頁六八六，上。
㉕伊藤仁齋，《字義》，卷三上，頁三五。

然之性，孟子不知有氣質之性者乎。非惟使一性而有二名，且使孔孟同一血脈之學殆若涇渭之相合，薰蕕之相混，一清一濁，不可適從，其言支離決裂，殆不相入。」㉖很顯然的，仁齋是採取一元論的立場來批判朱子及宋儒，仁齋以爲「孟子性善之旨，就氣質而論之，非離乎氣質而言之者也」㉗，亦即是以性兼嗜好。

這種從一元論立場解釋孟子性論的思路亦見之於戴東原。東原論《孟子》書中「性」字之涵義云：「性者，分於陰陽五行以爲血氣、心知、品物，區以別焉，舉凡既生以後所有之事，所具之能、所全之德，咸以是爲其本，故易曰：『成之者性也』」㉘。東原論孟子性論之要旨，以爲孟子書中所言之性實兼指血氣心知之欲求而言，「孟子言性，易嘗自歧爲二哉；二之者，宋儒也」㉙。東原此處所提出之「性兼嗜欲」的說法和他所持的「理不離情」的觀念互爲表裏，也與伊藤仁齋之說相呼應，均爲東亞儒學思潮由二元論走向一元論之一種徵兆。因爲這種基本思路上的歧出，所以東原批評宋儒說：「宋儒立說，似同於孟子而實異，似異於荀子而實同也。」㉚

㉖《同上書》，頁三三。
㉗《同上書》，頁三四。
㉘戴震，《疏證》，卷中，「性」，頁二五。
㉙《同上書》，頁三〇。
㉚《同上書》，頁三四。

韓儒丁茶山釋「孟子道性善言必稱堯舜」章之「性善」義亦云：「言性者必主嗜好而言，其義乃立。」㉛茶山雜引《尚書》《左傳》及《禮記》「王制」及其他先秦典籍駁朱子及宋儒，極具返本主義（fundamentalism）之意味，此將於下文另作討論在此先就其人性論一節加以分析。茶山嘗駁朱子云：㉜

> 性理家每以性為理，故集註謂人物之生同得天地之理為性，此所謂本然之性。……性理家謂本然之性之寓於形氣也，如水之注器，器圓則水圓，氣方則水方，是明明把人性獸性打成一物。……

茶山明白指出，人性與獸性不同，他說：「人性卽人性，犬牛之性卽禽獸性。至論本然之性，人之合道義氣質而爲一性者，是本然也。禽獸之單有氣質之性，亦未然也，何必與氣質對言之乎？」㉝。茶山在此是以性一元論的立場批判朱子及宋儒之性二元論。

從以上簡單的討論可以看出，在仁齋、東原及茶山三氏的孟學解釋中，朱子及宋儒所傳之二元論見解均遭批駁，三氏皆以性爲一元，無所謂「已發」「未發」或「本然之性」「氣質之性」

㉛丁茶山，《要義》，頁六五三，上。
㉜《同上書》，頁六六六，上。
㉝《同上書》，頁六七六，下。

之分別。三氏所生之時代有先後，所處之環境中日朝鮮亦不相同，然三氏持論如此其切近，此為思想史上一極堪注意之現象。吾人試推測其原因，或以朱子學及宋學經數百年之發展，其哲學問題之推展至十七世紀已盡其精微，二元論之思路已無法再提出富於活力之哲學問題，故十七世紀儒者如仁齋、東原、茶山之流遂漸覺不耐，乃起而求新求變，此或係東亞近世儒學思潮由二元論走向一元論之內在原因也。

東亞近世儒學思潮轉向的第二個趨勢表現在思想家對問題的思考從抽象走向具體：探討這一段思想史上的發展趨勢，我們必須追溯在此之前的發展。就中國思想史上孟學解釋的發展看來，在朱子之前儒者注孟釋孟多從具體問題契入；自朱子起始由具體轉入抽象。換言之，在公元十三世紀以前歷代思想家對孟學的解釋多以孟子為歷史人物，以孟子學說為針對具體之社會政治經濟問題針砭之藥石，故彼輩注孟釋孟亦多就孟學與具體的歷史環境之關係一節思考。但至十三世紀以後，在王安石（一〇二一——一〇八六）變法失敗之餘波盪漾之下，南宋儒者心意之所關注多由具體的政術問題轉而為抽象的哲學思辨，朱陸即為其巨擘。在此種新趨勢之下，朱子注孟解孟則以孟子為一人類史上普遍義之哲學家，以孟學為人類永恆的道德系統。在此一新觀點之下，孟學乃超越具體時空條件之束縛而為抽象之普遍原理矣。

為了進一步闡釋以上論點，我們再就儒者注孟之史料入手加以分析。趙岐注孟於東漢（二五——二二〇）桓（在位於一四六——一六七）靈（在位於一六八——一八八）之際政治極端杌隍之時代，趙注雖係「述己所聞，證以經傳，爲之章句」㉞，以校輯古義，考覈故訓爲其主要目的，然趙氏於各章之末爲之章旨，發揮義理良多。通觀趙氏注孟，彼解析義理多取政治之觀點，此與漢儒講求通經致用，注重經國濟民之一般取向相合。如孟子曰：「大人者不失其赤子之心」，趙注云：「大人謂國君，國君視民，當如赤子，不失其民心之謂也。」㉟孟子大人之學取其普遍義，故「大人者，言不必信，行不必果，唯義所在」㊱，趙氏則專就特殊義言，再如孟子特尊孔子，許爲「聖之時者也」，重其德業；趙氏注孟則以孔子爲「素王」，重其事功。不僅此也，趙氏更以周公爲歷史之分界線，「古者，謂周公以前。」㊲「中古，謂周公制禮以來」㊳，特重周公在政治上之功業。因趙氏注孟特重政治，故彼多就具體問體發揮。

再如晚唐林愼思作《續孟子》於懿宗（在位於八五九——八七三）僖宗（在位於八七三——八八八）之衰世。林氏嘗自言其動機云：「予所以復著者，以孟子久行敎化，言不在其徒盡矣，故演作續孟。」㊴林氏目睹晚唐亂世，禍亂相因，論政以存養百姓，除煩去苛爲宗旨。㊵故林氏

㉞《孟子》（四部叢刊初編縮本）卷八，離婁章句下，頁六五，上。
㉟《孟子》，卷八，頁六五，上。
㊱同上註。
㊲《孟子》，卷四，公孫丑章句下，頁三六，下。
㊳《孟子》，卷四，公孫丑章句上，頁三四，上。
㊴林愼思，《續孟子》（知不足齋叢書，第十集），序，頁一，上。
㊵參考：蕭公權師，《中國政治思想史》（臺北：中華文化出版事業委員會，民國四十三年），第三册，頁四一三。

發揮孟學，特重仁政，以均賦役於人民，闡明孟子與民同樂之旨[41]；以「孝在平天下而不在乎一家」[42]解釋禹之大孝。林氏論孟，於問題之選擇與論述，皆有匡正時政之深意在焉。此亦就具體問題入手。

逮及北宋，學者辯論孟子外王學汲汲於王霸之辨，君臣之分與公私之別，在在皆就具體之時代問題着眼。[43]至朱子出而思潮轉向。朱子注孟自出心裁，以其「理」之哲學通貫孟學，朱子注《孟子》書中之「仁」「義」二字涵義云：「仁者，心之德，愛之理也。義者，心之制，事之宜也。」[44]朱注此意顯以「仁」「義」爲人類行爲之抽象原則，此一解釋與孟子原義歧出甚多，孟子言「仁」「義」「禮」「智」多就人類具體之行爲立論，初未及其抽象之原理。關於此一歧出在思想史之意義，筆者已別文檢討[45]，此處不贅。但通貫朱注孟子，則思潮自漢唐之從具體問題轉向宋代之注重抽象原理之發展則隱然可見。

東原、仁齋及茶山三氏之孟學解釋正是相對於此一思想背景而起。三氏闡釋孟子思想多從

[41] 林愼思，《續孟子》，「樂正子三」，頁三，上。
[42] 《同上書》，「莊暴十二」，頁三，下。
[43] 同註十。
[44] 《孟子集注》（四部備要本），卷一，梁惠王章句上，頁一，上。
[45] Huang Chun-chieh, "The Synthesis of Old Pursuits and New Knowledge: Chu Hsi's Interpretation of Mencian Morality," pp. 197-222.

「具體」之立場契入。如伊藤仁齋釋「理」之涵義云：㊻

> 若理字本死字，從玉里聲，謂玉石之文理，可以形容事物之條理，而不足以形容天地生生化化之妙也。…理是有條而不紊之謂，義是有宜而相適之謂。河流派別，各有條理之謂理。…不修其身而求禱鬼神不無感應者理也。

仁齋又釋「仁」與「義」之涵義云：㊼

> 慈愛之德，遠近內外，充實通徹，無所不至之謂仁。為其所當為而不為其所不當為之謂義。

此類解釋多以具體之行爲或事物闡釋孟子書中之重要語彙，其取徑就朱子學之舊途轍而言不啻一思想上之大革命。此一大革命亦見之於東原及茶山，東原疏證孟子「理」字之涵義云：㊽

> 理者，察之而幾微必區之以別之名也，是故謂之分理；在物之質，曰肌理，曰腠理，曰文理；得其分則有條而不紊，謂之條理。孟子稱「孔子之謂集大成」曰：「始條理者，智之事也；終條理者，聖之事也。」聖智至孔子而極其盛，不過擧條理以言之而已矣。……古人所謂理，未有如後儒之所謂理者矣。

東原此一段疏證最能流露清儒對宋學蹈空涉虛之不滿，東原以具體可按之事物闡釋《孟子》書中

㊻伊藤仁齋，《字義》，頁二二。
㊼《同上書》，頁二六。
㊽戴震，《疏證》，頁一。

「理」字之涵義，並據以批判朱子及宋儒。此種思想上之轉向頗可顯示東亞近世儒學史上「實學」之興起。在此處所謂「實學」一詞須作一明確之限定，因就朱子學之立場言朱子之思想爲不折不扣之「實學」㊾也。本文此處所謂之「實學」係相對於朱子學喜談抽象原理而言之「實學」，特指十七世紀以降見於中日及朝鮮三國儒學思想史中捨抽象而趨具體之思路而言。

此種重具體之思路亦見於韓儒丁茶山之釋孟言論之中。茶山云：㊿

> 仁義禮智之名，成於行事之後，故愛人而後謂之仁；愛人之先，仁之名未立也。善我而後謂之義。善我之先，義之名未立也。賓主拜揖而後禮之名立焉。事物辨明而後智之名立焉。豈有仁義禮智四顆磊磊落落如桃仁杏仁，伏於人心之中者乎？……凡五經四書其有仁義禮智之字者，逐一點檢，莫不如此。……此四端可曰心，不可曰性；可曰心，不可曰理；可曰心，不可曰德。

茶山此論完全針對朱子集註而發，所謂「仁義禮智之名，成於行事之後」一語最能反映東亞近世儒者從抽象走向具體的思考路數轉向之時代訊息。

以上以孟學解釋爲中心簡論自十七世紀以降東亞儒學思潮自二元論轉向一元論以及自抽象走向具體之思路的一般趨勢。

㊾參考：拙作，「儒學價值系統中的兩難式」，頁一〇二—三。

㊿丁茶山，《要義》，頁六四七，下—六四八，上。

三、東亞近世儒學思潮轉向的歷史意義

就思想史之觀點言，上文所云之儒學思潮轉向之內容具有何種歷史意義？吾人應如何解釋此種思想之轉向？此爲本文所牽涉之另一課題。

關於此一思潮轉向之歷史意義，可就三方面言之：一是：代表返本主義之成熟。近人狄百瑞(Wm. Theodore de Bary) 論中日新儒學之發展，嘗以回歸孔子基本敎義之「返本主義」爲新儒學之共同傾向，[51] 其說頗能透露宋明儒學思潮之新動向。宋代新儒學此種「返本主義」之思想趨向初見於宋儒之孟學爭議之中。宋代承五代亂離之後，儒學研究中興，印刷之術大盛，宋儒又勇於疑經，立說頗不守漢唐舊軌，著書則尤多自出心裁，人自爲說，家自爲書，儒學之中門戶互殊，異說紛陳之狀況至宋而達於一新高潮矣。各派爲證成其說之符合孔門宗旨，莫不回歸孔子基本敎義，引孔子爲最高之權威，「返本主義」於焉大興，隱然成爲一重要之思想傾向。[52] 就學術

[51] 參見：Wm. Theodore de Bary, "Some Common Tendencies in Neo-Confucianism," in David S. Nivison and Arthur F. Wright eds., *Confucianism in Action* (Stanford: Stanford University Press, 1959), pp. 25-49, esp. p. 34.

[52] 「返本主義」每興起於原始敎義漸泯，正反雙方爭辯思想之正統地位日趨激烈之日，此為思想史上所見之通例，固不

史所見，宋儒對孟子其人之評價頗不一致，對孟學之看法亦不相同，然尊孟排孟二派敷陳其論點，莫不引孔子以爲無上之權威，以六經爲原始之經典。[53]

然則宋儒「返本主義」之傾向通貫有宋一代尚未發展臻於高峯，故尊孟非孟二系儒者關乎孔門舊義之爭辯亦僅言其大體而未及其毫末，並以「各是其所是而非其所非」自足。但「返本主義」始終爲宋明儒學史之一重要洑流，程朱陸王之二派於儒學傳統之重要問題所見固互有出入，然其訴諸先秦儒學原始經典之教義以充實其哲學論據之作法，則殊無不同。而雙方之論辯愈入精微，則要求澄清原始經典涵義之需求亦愈激烈。此殆係清儒考據訓詁之學大興之內在學術原因。[54]此種由考據以通義理之要求，在東亞近世儒學史上均有其近似之發展。中日韓三國儒者之間，此一要求遙相呼應。東原、仁齋、茶山三氏均反對朱子對孟學之解釋，並欲超越宋學藩籬，追索孟子字句之原始涵義，同歸先秦孔孟學說之原旨。此種通過文字訓詁以講明義理之發展殆係東亞

僅宋儒之孟學爭論為然也。在西方思想史上，馬丁路德（Martin Luther, 1483-1546）可視為一返本主義之思想家。一五二一年，馬丁路德對查理士皇帝演說云："Unless I am convinced by the testmony of the Scripture or by clear reason. ...... I am bound by the Scripture I have quoted and my conscience is captive to the World of God," 此為返本主義之一例。

[53] 參考：拙作，"The Rise of the *Mencius*" Chap. 4.

[54] 參考：余英時，「從宋明儒學的發展論清代思想史——宋明儒學中知識主義的傳統」，收入氏著，《歷史與思想》（臺北：聯經出版公司，民國六十五年），頁八七—一二一。

近世新儒學「返本主義」趨於成熟，雙方辯析臻於精微之後，所必然逼出之結果也。

此種「返本主義」發展成熟之徵兆均清晰地顯現於仁齋、東原、茶山三氏之著作中。仁齋嘗自敍其作《語孟字義》之緣起云：[55]

> 予嘗教學者以熟讀精思語孟二書，使聖人意思語脈，能瞭然于心目間焉。則非惟能識孔孟之意味血脈，又能理會其字義，而不至於大謬焉。……一一本之於語孟，能合其意思語脈而後方可，不可妄意遷就以新己之私見，所謂方枘圓鑿，北轅適越者，固不虛矣，故著語孟字義一節。

揆仁齋之意，蓋以欲窺儒學之「意味血脈」必自孔孟經典始，此為典型之返本主義傾向。

東原嘗序其《孟子字義疏證》云：「孟子辯楊墨，後人習聞楊、墨、老、莊、佛之言，且以其言汨亂孟子之言，是又後乎孟子者之不可已也。苟吾不能知之亦已矣，吾知之而不言，是不忠也，是對古聖人賢人而自負其學，對天下後世之仁人而自遠於仁也。吾用是懼，述孟子字義疏證三卷。韓退之氏曰：『道於楊、墨、老、莊、佛之學而欲之聖人之道，猶航斷港絕潢以望至於海也。故求觀聖人之道，必自孟子始。』嗚呼，不可易矣！」[56]東原全書以孟解孟，引孟子原文以批駁宋儒，如指出：「六經、孔、孟之書不聞理氣之辨，而後彌言之，遂以陰陽屬形而下，實失

[55] 伊藤仁齋，《字義》，頁十一。

[56] 戴震，《疏證》，頁一一二。

道之名義也。」[57]此種說法皆以先秦孔孟之經典爲據以攻排宋儒，爲返本主義之具體表現。

丁茶山反駁朱子及宋儒亦多引孔孟舊說爲據，如茶山云：「孟子以集義爲生氣之本，而朱子以養氣爲行義之助，其先後本末似顚倒也。」[58]茶山著《孟子要義》全書屢引孟子之立說以證成己說，其例俯拾卽見，不煩一一列擧。

總結以上所論，仁齋、東原、茶山三氏回歸先秦孔孟舊義以批駁朱子及宋儒，實可視爲東亞近世新儒學發展史上返本主義趨於成熟之一表徵也。

第二，東亞近世儒學思潮轉向的第二個歷史意義在於儒學傳統中「道問學」一系思想潮流之再興。伊藤仁齋藉注釋論孟以反駁宋儒，代表日本古義學派之興起，戴東原寫《孟子字義疏證》以反朱子及宋儒，則代表中國乾嘉考據學之初興。從比較思想史的觀點來看，仁齋及東原皆代表儒家思想從「尊德性」轉入「道問學」的發展。關於這一點，余英時先生已有長文闡發[59]，本文不再贅及。今僅就李朝儒者丁茶山試作討論。

茶山爲李朝實學派儒學之巨擘，其思想非僅爲理論而是一種實用實踐之學，企圖以實是求是

[57]《同上書》，頁二二。

[58]丁茶山，《要義》，頁六四五，下。

[59]余英時，《論戴震與章學誠——清代中期學術思想史研究》（香港：龍門書店，一九七六年），頁十五—三〇及頁一八五—一九六。

之態度復興孔學之原貌，此點近人論之甚詳[60]。然茶山思想中亦有其特重文字訓詁之一面，此與中、日兩國之近代儒學思潮相呼應，亦值吾人注意。

最足以透露茶山思想中之文獻考徵傾向者殆爲其對孟子書中「理」字之解釋。茶山云：[61]

> 理字之義，固可講也。理者，本是玉石之脈理。治玉者察其脈理，故遂復假借以治為理。淮南子云：璧襲無理。內則云，薄切之必絕其理。內經云，腠理受風。漢書云，縱理入口。唐書云，木理皆斜。皆是脈理之理。而中庸云：文理密察。樂記云，樂通倫理。易傳云，俯察地理。孟子云：始條理，終條理，仍亦脈理之義也。大雅云：乃疆乃理。左傳云，疆理天下。易傳云，和順道德而理於義，漢書云，燮理陰陽。漢書云，政平訟理。此皆治理之理也。……

茶山駁朱子集註，不從道德問題契入，而博引儒學經典及經史古籍，企圖自字義訓詁原義之釐清中建立其新解釋，其取徑蓋與戴東原之自訓詁以明義理者十分相近。皆可視爲「道問學」思潮發展之一表現也。通貫《孟子要義》全書，茶山此種特重訓詁以解明義理之傾向隨處可見。再如茶

[60] 例如：蔡茂松，「韓儒丁茶山反朱學內容之研究」《國立成功大學歷史學系歷史學報》，第四號（民國六十六年六月），頁一三一—一七二；李乙浩，「丁茶山의經學思想研究」，《東方學志》，第六號（漢城：延世大學校，東方學研究所，一九六三），頁二一九—二三七，此文承韓國友人嶺南大學教授鄭仁在先生代為譯成中文，敬致謝意。

[61] 丁茶山，《要義》，頁六八〇，上。

山駁朱子對孟子人性論之解釋，亦引孟子之原文，證明「性之字義，本如是也。……性之本義，非在嗜好乎？」[62] 揆茶山之意，蓋認定舉凡「性」「理」諸有關德性問題之爭辯均可經由字義訓詁之講明而廓清。故茶山實已將朱子及宋儒所究心之道德問題一轉而爲知識問題矣。此一逆轉實爲東亞近世儒學史所見之一共同傾向。

第三、東亞近世儒學思潮轉向尚有另一層歷史涵義，此卽是：政治社會問題取代道德修養問題而成爲儒者關心之大問題，此爲東亞世界自中世社會邁入近代社會之一重要思想動因，關於這一層思想史的涵義必須從丸山眞男（一九一四——）氏的論點說起。

丸山氏論德川思想史，目光如炬，發人之所未發，其說極值吾人特予注意。丸山氏認爲德川思想史卽爲自然法解體之過程，亦卽是朱子學中「對五倫以至禮樂之規範的妥當根據都求之於自然」[63] 此種思想體系之瓦解過程。丸山氏嘗論伊藤仁齋在德川思想史上地位云：[64]

> 伊藤仁齋將天道與人道分離，把陰陽五行從仁義禮智裡峻別出來，更認為後者是「道德之名，非性之名」，對於宋學中社會規範之一方自然法則，與他方人類本性的等置，都加以否定，這意味著朱子學的自然法之理論的基礎之相當重大的變革。

[62]《同上書》，頁六五二，下。

[63]見：丸山眞男著，徐白、包滄瀾譯，《日本政治思想史研究》(臺北：臺灣商務印書館，民國六十九年)，頁一六〇。

[64]同上註。

換言之，伊藤仁齋承山鹿素行（一六二二——一六八五）之後對宋學中道德價值之優先性展開批判，切斷天與人之連鎖，而將「理」限定於「物理」的範圍之內[65]，並將個人道德與政治分而爲二，特重政治行爲之後果。仁齋云：「若其（按：指君主）徒知正心誠意，不能與民同好惡，於治道何益乎？」[66]仁齋此種注重實際政治行爲之效果而不尙空談心性問題之取向實爲東亞近世儒學由虛轉向實之共同現象。

仁齋嘗批評宋儒云：[67]

> 聖人所謂知者，與後儒所謂知者，亦夐然不同。所謂知也者，自修己而及乎治人，自齊家而及于平天下，皆有用之實學。

是仁齋所謂「實學」蓋即指政治上之兼善天下而不指個人之德行修爲也。仁齋又云：[68]

> 後世學問所以大差聖人之意者，專由以持敬致知為要，而不知以忠恕為務也。蓋道本無分人己，故學亦無分人己。苟非忠以盡己，恕以對人，則不能合人己而一之也。

仁齋思想中此種棄虛就實的發展趨勢亦見於戴東原及丁茶山，東原著《孟子字義疏證》，其

[65]《同上書》，頁四一。
[66]伊藤仁齋，《童子問》，卷之中。轉引自：丸山真男，《前引書》，頁四五。
[67]伊藤仁齋，《字義》，卷之上，頁三〇。
[68]《同上書》，卷之下，頁四五。

書卽寓有極爲强烈的社會性，吾人如謂東原批駁朱子及宋儒，一部份之原因卽在於對朱子學之官學化現象作沉痛之抗議，似尚無大誤。東原云：[69]

> 自宋以來始相習成俗，則以理為「如有物焉，得於天而具於心」，因以心之意見當之也。於是負其氣，挾其勢位，加以口給者，理伸；力弱氣慴，口不能道辭者，理屈。嗚呼，其孰謂以此制事，以此制人之非理哉！卽其人廉潔自持，心無私慝，而至於處斷一事，責詰一人，憑在己之意見，是其所是而非其所非，方自信嚴氣正性，嫉惡如讎，而不知事情之難得，是非之易失於偏，往往人受其禍，己且終身不寤，或事後乃明，悔已無及。嗚呼，其孰謂以此制事，以此治人之非理哉！天下智者少而愚者多，以其心知明於衆人，則共推之為智，其去聖人甚遠也。以衆人與其所共推為智者較其得理，則衆人之蔽必多；以衆所共推為智者與聖人較其得理，則聖人然後無蔽。

又云：[70]

> 今之治人者，視古賢聖體民之情，遂民之欲，多出於鄙細隱曲，不措諸意，不足為怪；而及其責以理也，不難舉曠世之高節，著於義而罪之。尊者以理責卑，長者以理責幼，貴者以理責賤，雖失，謂之順；卑者、幼者、賤者以理爭之，雖得，謂之逆。於是下之人不能

[69] 戴東原，《字義》，頁四。
[70] 《同上書》，頁十。

以天下之同情、天下所同欲達之於上；上以理責其下，而在下之罪，人人不勝指數。人死於法，猶有憐之者；死於理，其誰憐之！嗚呼，雜乎老釋之言以為言，其禍甚於申韓如是也！六經、孔、孟之書，豈嘗以理為如有物焉，外乎人之性之發為情欲者，而強制之也哉！孟子告齊梁之君，曰「與民同樂」，曰「省刑罰，薄稅斂」，曰「必使仰足以事父母，俯足以畜妻子」，曰「居者有積倉，行者有裹糧」，曰「內無怨女，外無曠夫」，仁政如是，王道如是而已矣。

細按東原之意，蓋以宋儒空言德性修爲，無益民治。且朱學及宋儒經數百年之演化已成爲爲現狀辯護之意識形態，反成爲政治上壓制人民之工具，故東原亟起而攻排之，轉而求「實學」於具體的社會政治措施上。

茶山思想中亦具有上述之傾向。茶山云：71

今之學者：其學術大與古異。古學用力在行事而以行事為治心。今學用力在養心而以養心至廢事也。欲獨善其身者今學亦好欲兼濟天下者，古學乃可。此又不可不知也。

此種由虛入實之思想轉變乃使宋儒以降所注重之德行修爲一轉而爲社會政治具體事務，此爲東亞近世儒學思想轉變之第三項歷史意義。

71 丁茶山，《要義》，頁六八〇，下。

四、若干比較研究的方向

上文以伊藤仁齋、戴東原及丁茶山爲中心，試窺三氏對孟學之解釋中所顯示之東亞近世儒學轉向之內容及其歷史意義。下文試再就比較思想史研究之立場討論此一研究題目可能之發展方向。

關於仁齋、東原及茶山三氏思想之比較研究，至少有以下三個可能的方向，可供吾人思考：

一、就孟學解釋史內在發展之歷程言，三氏之孟學解釋可視爲中國思想史上孟學系統內外二面交互遞嬗的一個階段。先秦孟學原有「內聖」及「外王」之二面。孟子所關懷之基本問題在道德自我之建立，其所理想者乃是道德主體性之世界，但此一道德主體性世界之呈現有內外二面。內而根於仁心，外而發爲仁政。「仁義禮智根於心」[72]，故孟子言性一貫是善；主政者推此仁心於天下，乃爲仁政，故仁心仁政並非截然不相聯屬之敵體，兩者實爲一物之二面。吾人如謂，仁心是其本根，則仁政乃其枝葉。本根不存則枝葉無所附麗。反之，枝葉繁盛卽所以顯其本根之固。「徒善不足以爲政，徒法不能以自行」，[73]孟子之言最能言其精義。然就思想史所見，歷代

[72]《孟子》，卷十三，盡心章句上，頁一〇九，上。
[73]《同上》，卷七，離婁章句上，頁五五，上。

思想家或註解家於疏通孟學之際均倚輕倚重有所不同，如漢代趙岐及唐代林愼思及北宋王安石等均重其「外王」面，多就孟子之政治經濟思想發揮，引伸其時代意義；但朱子則側重孟學內部之哲學問題尤其是知識與道德之問題發揮。

自十七世紀以降，仁齋、東原及茶山三氏藉注孟以反朱，此就一面觀之固可視爲對宋學之反動，然就另一面言之則亦係孟學思想系統中「內聖」「外王」二面交互發展之內在理路（inner logic）所必然導致之結果也。

抑又有進者，此處所謂「內在理路」係指孟學體系中「內」「外」二面之間之緊張性與矛盾性，以及在此種緊張矛盾之下之辯證性發展過程。就其緊張性與矛盾性言之，孟學中之「內聖」與「外王」互爲敵體，然亦互爲依存。故歷代儒者解釋孟學如愈深入其「外王」面，其對具體社會政治問題之掌握亦愈眞切，然其對內在超越面之遙契則亦隨之愈有不足。此種不足發展臻於極致，則必然引發反動而在思想史上可以發現有由實入虛之發展線索。就中國思想史之經驗言，由漢注唐疏到朱子集註的發展卽爲一例。

然儒者對孟學「內聖」面之過分究心，亦自然對「外王」面之掌握有所欠缺。流弊所及，馴至有東原所謂「以理殺人」之病。故「內聖」路徑之孟學解釋發展至於高峯，亦必同時引發逆轉之思路。本文所討論三氏之思想卽係此種辯證性的思想發展過程中的一個環節，亟値吾人注意。

在此一發展過程中，何以會呈現辯證性之歷程？其內在及外在之原因何在？凡此皆爲進一步思考之問題也。

二、就儒學傳統之發展史言之，本文所探討的這一段思想史的發展可視為儒學傳統中「德性」與「知識」兩大思想洑流交互激盪的一個階段。儒學內部原有所謂「性命天道」與「博學於文」之兩極，這兩個思想伏流自宋明以下則表現而為「尊德性」與「道問學」之爭。仁齋、東原、茶山三氏正代表對宋學講求「尊德性」思路之一種反動。此上文已作過討論，在此不贅。

然吾人亟應注意者，仁齋等三氏攻排宋儒取徑雖甚為相近，多就考證訓詁以闡明義理之立場發揮，然所以致此之原因則各有其不同之歷史背景。伊藤仁齋所面對的是德川時代封建制及其對思想的制約，[74]是朱子學之一變而成為為封建體制辯護之思想體系，因此乃起而反對朱子學。[75]戴東原所面對者則是「今既截然分理欲為二，治己以不出於欲為理，治人亦必以不出於欲為理，舉凡民之饑寒愁怨，飲食男女，常情隱曲之感，咸視為人欲之甚輕者矣」[76]的社會政治背景；茶山所生時代更晚，彼所面對的是西洋科學傳入朝鮮，科學與傳統儒學之衝突日趨明顯之時代。

[74] 參考：石田一良，「德川封建社會と朱子學派の思想」，《東北大學文學部研究年報》，第十三號（下），頁七二—一三八。

[75] 阿部吉雄氏曾從社會結構之角度分析德川與明清時代儒學之差異，見：阿部吉雄著，龔霓馨譯，「中國儒學思想對日本的影響——日本儒學的特質」，《中外文學》，八卷六期（一九七九年十一月），頁一六四—一七七。

[76] 戴東原，《疏證》，頁五八。

此種不同之時代背景，對三氏之思想有何影響？其影響幅度如何？在此種相異之時代背景之下，三氏思路取徑近乎「道問學」一系，此有何歷史意義？凡此皆是本文未及深入討論而有待進一步追索之問題。

三、就東亞世界之從傳統社會走向近代社會之歷程言，這一段思想史的發展似可視爲東亞世界近代化之思想動因。丸山眞男氏已就德川思想史之經驗作過深入之探討。柯睿格（Albert Craig）氏亦就德川儒學與科學之關係有所論列。[17]但就東亞比較思想史之立場言，則尙有下列問題値得吾人思考：東亞近世儒學之轉向表現在思想家思考問題之重點由「普遍」走向「特殊」，由「抽象」走向「具體」以及由道德之優先性（Priority）走向社會政治事務之優先性……等幾項事實之上。如果此種事實卽係東亞世界走向近代化之重要思想契機，則此一歷史經驗在世界近代史上具有若何之意義？吾人是否可循此一歷史經驗發展之線索而提出近代東亞世界中所謂「儒教倫理」（Confucian ethics）係近代化的思想基礎之說法？此所謂「儒教倫理」與韋伯（Max Weber, 1864-1920）所謂「基督新教倫理」（Protestant ethics）有若何之差異？凡此種種問題雖不免河漢無極，然均爲世界史上極具歷史意義之問題，有待吾人起而作深入之探索。

⑰Albert Craig, "Science and Confucianism in Tokugawa Japan," in Marius B. Jansen ed., *Changing Japanese Attitude Toward Modernization* (Princeton, N. J.: Princeton University Press, 1955), Chapter IV, pp. 133-166.

五、結論

東亞近世儒學思想牽涉方面至廣，問題亦多。本文僅試就伊藤仁齋、戴東原及丁茶山三氏闡釋孟學之言論窺探儒學思潮轉變之一般動向。就本文探討所見，自十七世紀以降中日韓地區之儒學思想有由二元論走向一元論及由「普遍」走向「特殊」之顯著趨勢。此種思想趨勢殆寓有㈠、返本主義的成熟；㈡、「道問學」思潮的再興以及㈢、政治優先性之受重視等不同的歷史意義。

本文企圖由點滴試觀潮流之動向，然所謂「管中窺豹」，所見或不免斑文一處，未及全貌，故所論或亦備侗不諦，大義未明也。但轉念此文本非自證己說而作，故多提出問題，略作蠡測。至於抉擿幽隱，校計毫釐，則請俟諸異日。（一九八一年三月十六日，刊於《韓國學報》，第一期，一九八一年四月）。

附識：作者蒐集本文研究資料期間，曾於一九七八年九月觀書於日本天理大學，承葉達雄兄及天理大學村上嘉英教授、天理圖書館主任飯田照明教授熱忱協助，得睹伊藤仁齋之《古義堂文庫》手稿，盛情可感，謹致謝意。

四、蕭公權與中國近代人文學術

一、前言

近百年來的中國是一段激烈變動的歲月。政治上，從專制政體走向民主共和；社會經濟上，從靜態的農業社會走向動態的以工商活動爲主的社會型態；文化思想上，則從數千年來舊有的文化格局的崩潰走向中西文化思想的交流激盪。論其變動幅度之大及其影響範圍之廣，則國史上春秋戰國時代（公元前七二二——二二二年）的動盪差可比擬。在近百年來國史變局之中，學術文化思想的轉折變化尤其是最引人注意的一個環節。這一個環節的變動基本上與其他社會經濟政治方面的變動互爲表裡，交光互影，形成因果相逐的歷史現象。

蕭公權（迹園，一八九七、十一、廿九——一九八一、十一、四）先生是中國近代學術史上一位卓爾不羣的人文學者。蕭先生一生從未離開學術及教育工作的崗位，不僅在國內外大學栽培弟子無數，而且在人文學術研究上也獲得了世界學壇一致的推崇。蕭先生的一生可以很明確地劃分為兩個段落：㈠、從光緒二十八年（一九〇二）到民國十五年（一九二六）是蕭先生的學生時代。在這二十四年中，他從家鄉私塾舊式教育開始，直到青年會中學、清華學校、美國密蘇里大學，以至康乃爾大學哲學系完成博士學位。這一段時間在中西新舊學問之間的涵泳培育奠定了蕭先生畢生治學的紮實基礎，也是他教育事業的內在富源。㈡、從民國十五年（一九二六）到民國五十七年（一九六八）是蕭先生的教學時代。在這四十二年之中，蕭先生先後或同時任教於國內十二所大學——民國、南方、南開、東北、燕京、清華、北京、四川、光華、華西、政治、臺灣大學，以及美國西雅圖華盛頓大學。❶民國七十一年十一月四日凌晨一時，蕭先生以心臟病仙逝於西雅圖寓所。蕭先生一生的學術研究與教育事業在近代中國人文學術的發展史上具有突出的意義。從歷史的角度來看，蕭先生的歷史地位正在於他是一個典型的文化的「折中主義者」(syncretist)。❷他是一位雙腳植根於中國學問土壤上的學者，是在近百年來風狂雨驟的文化變

❶關於蕭先生的生平，本文在此僅作最簡要的撮述。請參閱：蕭公權，《問學諫往錄》（臺北：傳記文學出版社，民國六十一年）。以下簡稱《諫往錄》。

❷屈萊果 (Donald W. Treadgold) 教授嘗稱蕭先生為文化的折中主義者，其說甚是。見 Donald W. Treadgold,

局中立定脚根，深入西方學術的領域，然後心平氣和地在中西新舊各種學問之間加以折中調和、錘鑄涵融，自成一家之言的中國人文學者。

爲了對蕭先生這種「文化的折中主義者」的歷史地位作比較清晰的把握，我們必須對近代中國人文學術的一般背景作個整體性的回顧。從歷史的角度來觀察，近百年中國人文學術的發展有以下三個十分突出的方面：第一是中西文化的激盪。自從明季海通以來，中西文化的接觸與涵融成爲歷史上一個持續的現象。其影響所及，不論就廣度或深度言均極爲鉅大，幾涉及中國社會及文化的各個層面。所以，自明季以降，中國知識分子對中西文化問題即付予極大的關切，例如明季大儒方以智就有「中學長於通幾，西學長於質測」的觀察。降及民國，國人論述中西文化問題尤指不勝屈，其言論固有勝義紛披，發人深省者，但也有情理失正，偏頗不實者。我們細繹清末以來國人論述中西文化問題之言論，當可發現每多流於「中」、「西」二分，以「新」、「舊」爲敵體之看法。換句話說，近代中國學人在中西文化激盪的歷史背景之下思考文化問題多從其歧異處而不從其大同處契入。清末嚴復（幾道、又陵，一八五三——一九二一）即爲具有代表性的人物。嚴又陵在民國成立以前大力主張西洋之學術文化與政治合於天演之趨勢，爲中國所當借鑑。

The West in Russia and China: Religious and Secular Thought in Modern Times (Cambridge: Cambridge University Press, 1973), Vol. I, Preface, p. xiii.

民元以後，面對反傳統中國文化之浪潮則又轉而力持保存國粹之說。❸嚴氏論文化問題的態度從早期的崇西鄙中轉而爲崇中賤西卽隱寓中西互爲敵體之看法。五四以後，近代學人每以爲中國以精神文明著稱而西洋則以物質文明見長，此種看法皆亦自同一脈絡出發，而爲近代學術史上之共同傾向。五四以來的中西文化論戰，都是此種思想共同傾向的表現。

第二是新舊思潮的衝突。明末以來與中西文化的激盪相伴而行的另一個現象就是新舊思潮的衝突。近代工業文明對中國數千年的農業文化造成重大的衝擊，其影響幅及之大恐有過於漢末的白馬負經佛學東來。這種新舊之爭，不僅由於社會經濟型態的轉變，也由於政治生活方式的差異。新舊之爭也在社會、經濟、政治各個領域中表露無遺。在近代史上，我們看到政治上有立憲與革命之爭，此卽是康梁一系保皇派人物與 國父中山先生所領導的革命派人物的爭衡。一九〇五年到一九〇七年，「民報」與「新民叢報」在東京的言論爭辯尤爲政治思想上新舊之爭的高潮。在學術思想的領域中，與此互相呼應的則是守舊與維新之爭，例如五四時代的科學與玄學的論戰、讀經問題的爭辯，都可以放在這個脈絡中來理解。

第三是情感與理智的失調。由於近百年來國人處在中西激盪及新舊衝突的文化局面之下，再加上政治上中國危機的加深，所以國人論述學術文化問題常易表現爲情理失正的現象。劉勰（彥

❸參考：蕭公權，《中國政治思想史》（六）（臺北：中華文化出版事業委員會，民國四十三年八月初版，民國五十四年七月四版），頁八〇六—八〇八。以下簡稱《思想史》。

和，公元四六五——?年）於《文心雕龍》『史傳篇』中在在說的「任情失正，文其殆哉」的話正可以用來對這種現象作最恰當的描寫。由於情理失正，所以五四以來的學術界，一方面打倒孔家店的呼聲甚囂塵上，但另一方面痛斥西方文化爲洪水猛獸者亦不乏其人，而許多留洋學生或成爲西方學壇的逐臭之夫，或隨波逐流，忘却故我，形成蕭公權先生早年所寫的詩所謂「邯鄲學步事堪傷」的局面。美國已故漢學家勒文遜（Joseph R. Levenson）曾說，近代中國知識份子徘徊於理智的抉擇與情感的認同之間的困局❹。這種說法雖有過份簡單化的危險，但却大致可以說明近代知識份子此種「滿局棋輸氣未降」（徐復觀先生詩句）的場面。

蕭先生正是生於以上所說的這種歷史背景之中，而中西激盪、新舊衝突以及情理失調的學術思想背景也烘托出蕭先生的歷史地位。

二、蕭公權學術世界的幾個外部特徵

蕭先生的學術世界廣大悉備，門庭寬濶，在近代中國學術史上卓然自成一家，爲近代動盪的學術思想界樹立了一個典範。這個典範在民國學術史上之所以特別具有意義，殆因其表現而爲以

❹參看：Joseph R. Levenson, *Confucian China and Its Modern Fate: A Trilogy* (Berkeley and London: University of California Press, 1968)

下幾個特徵。

第一是中西文化的折衷。正如上文所指出的，蕭先生是一個「文化的折中主義者」。這種折衷主義性格的形成與他所處的時代以及成學過程有密切的關係。他幼年啓蒙以後所接受的是私塾教育，由此奠定了舊學的基礎，中學畢業以後入清華學校（國立清華大學的前身）肄業。民國九年夏初清華畢業以後，問學新大陸。先入密蘇里大學，獲學士及碩士學位，繼於民國十二年入康乃爾大學哲學系，受業於狄理(Frank Thilly)教授門下。民國十五年六月，以《政治多元論》(*Political Pluralism: A Study in Contemporary Political Theory*)論文獲博士學位。蕭先生這篇論文完成以後卽一字不易在英國出版，並經英國牛津大學指定爲「近代名著」課程之必讀書籍。此書係站在唯心論之立場批判歐洲當代政治學大師拉斯基(Harold J. Laski, 1893-1950)的政治多元論。這是蕭先生的第一部著作，出版以來，佳評如湧，拉斯基本人亦著文備加推崇。民國十五年，蕭先生回到國內，開始了他四十二年的教學生涯，曾先後任教於國內外各著名大學，而於民國五十七年在美國西雅圖華盛頓大學退休。蕭先生的求學時代橫跨新舊兩個時代，所以他既能浸潤在中國舊學的傳統裡，又能吸收西方學問的新知，以開展視野廣濶的學術領域。

最足以透露出蕭先生對中西學問的融合的莫過於蕭先生所發表的著作。蕭先生的第一部著作《政治多元論》是批判歐洲當代政治理論的力作。他回國任敎以後，則著手整理中國政治思想，於是有《中國政治思想史資料選讀》（民國二十六年國立清華大學講義）以及《中國政治思想史》（上海：商務印書館，民國三十四年）的出版，《中國政治思想史》一書最近並已由牟復禮（F. W. Mote）譯成英文：*A History of Chinese Political Thought*. Vol. I, (Princeton: Princeton University Press, 1979)。民國三十七年，蕭先生當選中央研究院第一屆院士。民國三十八年蕭先生任教華大以後，著手研究十九世紀的中國鄉村，完成了《中國鄉村》（*Rural China: Imperial Control in the Nineteenth Century*）這部巨著，最近出版的新著則為《康有為研究》（*A Modern China and A New World: Kang Yu-Wei, Reformer and Utopian*）。民國四十九年，美國「學術團體聯合會」（American Council of Learned Societies）以「人文學術卓著成就獎金」頒予蕭先生。該會在獎狀中推崇蕭先生「融合中西兩個偉大學術傳統的菁華」，並讚頌他早年評論西洋政治思想的著作表現了「創造性的灼見」，論述中國政治思想則顯示了「自闢蹊徑的史識」。這種讚頌絕不是溢美之辭，而是對蕭先生的學問極其恰當的說明。這種創造性的見解與自闢蹊徑的眼光主要是來自於蕭先生治學能在中西新舊各種學問之間獲致一個動態的平衡點。如果我們把蕭先生的治學放在近代中國的歷史背景裡來看，那麼我們更會覺得他在中西新舊學問之間取得妥洽的平衡點是多麼可貴。

因為蕭先生信持這種「文化的折中主義」的立場，所以，他對中西文化一體對待，他說：「我認識西洋文化的優點，卻不鄙視中國的固有文化，以為毫無價值，必須悉予拋棄。『全盤西化』的主張者對於中西文化未能充分了解。他們的主張是錯誤的。我相信中國文化和西洋文化都有優點和缺點。我們要用虛心的批評態度同時去檢討中西文化。」❺這種心平氣和的文化觀在五四以來知識份子持論激越的時代背景中顯得特別突出。他看中西文化問題多半從大同處而不是從歧異之點著眼，所以他認爲古典儒家的典籍，特別是《論語》和《孟子》與近代政治生活的許多價值並不衝突。他說：「自漢朝以後，許多帝王想利用儒家思想來管制天下，西方學者造了一個名詞：『imperial Confucianism』來形容這種被帝王所曲解的儒家思想。我們細讀《論語》和《孟子》可以發現，孔子雖尊王，但絕不主張帝王有絕對權威。孔子思想中絕對沒有那種實行於中國數千年之久的專制思想。孟子更是主張：『民爲貴，社稷次之，君爲輕』，這種思想和西洋民主主義很接近。所以在戊戌維新的時候，梁啓超提出孟子所講『民權思想』，這種說法雖持之太過，但距事實並不太遠。孟子說：『國人皆曰可殺，然後察之，見可殺焉，然後殺之。』此『國人』當然不是指一般老百姓，但孟子這段話至少已經有了集思廣益的政治觀念，『國人』可發揮的作用類似非正式的議會。梁啓超之說雖不免持之太過，但儒家思想和近代民主主義並不背道而馳這一點則是可以肯定的。如果一個人能眞正相信孟子的主張，實行孟子的主張，那麼他生活在現代民主國家中一定不會感到難過的。所以從這觀點來講，儒家思想與民主主義就無所謂調融

❺見：蕭公權，《諫往錄》，頁七〇。

的必要，兩者之間已經有了接榫點。」❻

所以，在抗戰勝利時，蕭先生與友人論中西文化問題，就明白指出，國人論中西文化者每喜持分別之說，謂東方文化重精神，西方文化重物質。重精神者務內，其效在民親而政和。重物質者務外，故求益多欲益廣而終歸於爭亂。他認爲這種看法失之偏頗。❼他特別指出中西文化的大同之處說：❽

> 歐西文化，肇端希臘。中經羅馬之附益，日耳曼之激盪，基督教之陶融，而後蔚為近代之規模。希臘之哲理美術，羅馬之法典政制，耶穌之宗教道行，凡此多有裨於身心，不得目為務外。及近世賢者承之，益以精進。於是修己之方，齊民之術，戡天之學，知命之理，下逮賞心娛情之藝文，利用厚生之器械，莫不燦然可觀。富強之基，實樹於此。清季維新之士震於洋人之船堅礮利，歆動相齊，而不知文化發育，有如生體。心慾血氣，相持而長。四肢百骸，偏廢卽枯。船礮之用，托根於尚智超用之科學，而科學之興復有賴於西人政教

❻見：蕭公權口述，黃俊傑整理，「儒學傳統與中國文化更新」，《幼獅月刊》，五十五卷第一期（民國七十一年一月），頁六五，收入本書第五篇。

❼蕭公權，「與李濟民論中西文化」，收入：《迹園文存》（臺北：環宇出版社，民國五十九年），㈠，頁一三二。以下簡稱《文存》。

❽《同上書》，頁一三二—一三三。

風俗之全體。捫鼻而喻象，難免象形如柱之笑談。見船礮而遽斷西化為徒長物質，舍本逐末，無惑乎變法之舉終成泡影矣。蓋西方文化不僅自有其精神基礎，而此基礎且與中國文教有略相近似之處。柏拉圖言立國在義，羅馬法以忠孝為旨，史家論羅馬衰亡者或歸咎於道德淪替，耶穌以博愛教人淑世，尤為西方文化之主幹，此皆與吾先民所立五常之大訓，言異而指同。他如貴民保國重信非攻諸說，見於古今册籍者，亦多與我相印證。商鞅言農讀，圖富強。墨徒闡名理物性，工守禦之械術。孫吳諸子講制勝之法。此與西方之科學兵學亦復類似。而韓非，徵七術之說，竟赫然有契於馬克維里之尚權謀。至於詩人之詠歌諷頌，雖語文互殊，體制各別，而其言志載道抒情發憤之用，持以與我三代隋唐兩宋諸家相較，實易地而皆然。所謂東海西海心同理同者，於茲可見。

因為中西文化有心同理同之處，所以，蕭先生不贊成一味推崇中學而鄙夷西洋學問，⑨也反對以西人之眼光，批評中國之政論。⑩

⑨在執教於清華大學的時期中日戰爭爆發，蕭先生全家從清華園遷居北平城內與哲學大師熊十力先生住在同一所房屋裡，與熊先生朝夕見面，談論問題。蕭先生回憶說，有一次熊先生堅定地說：「西洋哲學與科學都缺乏妙義，沒有研討價值」。蕭先生站在欣賞不同文化的優美的立場說：「印度哲學與西洋哲學價值如何，有待兼通兩者而具有『善知』的人來作公允正確的估量。照我外行人的臆測，兩者各有其獨到偏至之處。東海西海，各有『聖人』。其心其理，不必盡同。但是否此尊而彼卑，此長而彼短，似未可遽下斷語。至於科學，也未必毫無足道。朱子『格物致知』的思想，顯然帶著西洋科學思想的意味」。據說熊先生雖面露不愉之色，但也未加駁斥。見：《諫往錄》，頁一一一—一一二。

⑩「中國政治思想史參考資料緒論」，收入：《文存》(一)，頁五三。

蕭先生所創造的學術世界所呈現的第二個特徵在於舊學與新知的貫通。南宋孝宗淳熙六年（一一七八年），朱子贈詩陸子壽云：「舊學商量加邃密，新知培養轉深沉」，這兩句詩最可以用來形容蕭先生學術世界的這一項特質。蕭先生治學從西洋哲學入手，早年對於政治學領域的「新知」「政治多元論」極感興趣，欲從對於「政治多元論」的探索批判之中找出人類的新出路。⑪但是他並不逐新捨舊，所以，他在《中國政治思想史》中就指出，中國政治思想數千年之發展「缺乏近代國家之觀念」，但「此實歷史環境之所限，不足以爲前賢病」⑫，他仍平心探討舊學。他對舊學充滿了錢賓四先生所說的「溫情與敬意」。

正因爲對舊學充滿了同情的諒解與敬意，所以他論學術問題很注重守先以待後，寓開來於繼往。例如民國三十六年八月二日他寫「二十世紀的歷史任務」這一篇文字揭示他對未來世界的看法。他說：⑬

> 二十世紀的可能貢獻不是創造一個嶄新的主義或政治運動，而是調和十八世紀的特殊貢

⑪這個意向在他的「政治多元論」末章已明白揭出。見：Kung Chuan Hsiao, *Political Pluralism: A Study in Contemporary Political Theory* (London: Kegan Paul, Trench, Trubner & Co., Ltd., 1927), Ch. X. pp. 248-257.

⑫見：《思想史》㈠，頁十。

⑬見：蕭公權，「二十世紀的歷史任務」，收入：《文存》㈡，頁一五三。

獻，使之成為一個集成合美為人類造福的生活體系。因為這個體系要兼採自由主義與社會主義之長，我們似乎可以稱它做「自由社會主義」。

在以上這項看法中，蕭先生很明白地透露他談學術問題時的態度：融舊以鑄新，從繼往之中開創新局。

蕭先生對舊學的價值有深刻的瞭解和分析，所以他認爲新時代的許多價值（例如「自由」這個觀念）與中國舊傳統中儒家思想並不衝突。他注意到新舊文化之間的差異，他指出西洋自由思想是因抗議專制而起的，跟孔子思想產生的歷史背景剛好相反。十八世紀自由主義之興起正是由法王路易十八專制無道而興起。孔子是因亂而要求秩序。從歷史背景的比較來說，兩者產生的背景不同。⓮但是，蕭先生認爲舊學與新知之間有其精神互通之處，因爲西洋的自由主義基本假設仍是在於人性本善。盧梭是西洋自由思想之父，在他看來，人一出世就是好的：「Man are born free」即謂人生而自由，生而性善的。這是一種浪漫主義的人性觀。孟子也是浪漫主義者。他們思想中的基本假定就是「性善」。因爲「性善」，故人人皆善，故人人皆可自主、皆有自治能力，因此用不著外力去管制，才提倡「天賦人權」。如果認爲人性皆惡，如何能承認人的自然人權呢？例如英國的霍布士主張，人之生性本惡，故他提倡專制，凡是主張性惡的人都主張

⓮見：蕭公權口述，「儒學傳統與中國文化更新」，頁六六，見本書第五篇。

提高政府的權力，都偏向於專制。凡是主張性善的思想家，都偏向於自由，不要受管制。⑮因此，「新」與「舊」這兩種思想之間早在性善說中取得了契合之點。蕭先生之所以可以超越他那個時代激越的思想氣氛，而能在舊學與新知之異中求同，主要仍是根源於他對新舊學問的貫通。就這一點來說，蕭先生確實實踐了幼年求學時代業師何篤貞先生（名世忠，廩生，四川銅梁縣人）對他的期望：「通古今，貫中西。」⑯

這種融舊以鑄新的學術性格也表現在蕭先生的人生觀之中。他常說，五四時代諸君子勇於開新，拙於承舊，有時不免操之過急，以致於未能對中國文化的發展作更好的貢獻。他以自己幼年的生活經驗認為，「新家庭」不盡是天堂，舊家庭也不純是地獄。⑰最足以顯示這種人生觀的是蕭先生對於婚姻問題的處理。五四時代許多激進青年以離棄媒妁之言的婚姻作為與舊傳統割裂的表徵。蕭先生在赴美留學以前早由家長主持訂婚，出國後也和許多當時的留學生一樣碰到新舊之間的抉擇，但是蕭先生仍在民國十五年回國結婚。他認為除非一個青年確知父母代擇的未來配偶有重大缺點，否則很可不必反對。蕭先生在婚姻問題上特別稱讚胡適之先生，他認為「『新文化』的倡導人，『終身大事』劇本的作者，替面臨二十世紀初葉過渡時期的青年們開闢了一條知新

⑮同上註，頁六七。
⑯見：《諫往錄》，頁二二。
⑰《同上書》，頁十三。

而不棄故的婚姻之路。……我也走過這樣一條路。」⑱從這一件事實上，我們可以看出，「新舊會通」這個特質是通貫蕭先生的治學與為人的。

蕭先生學術世界的第三個特徵是情感與理智的交融。蕭先生常說，在做研究工作之前必須先對研究對象有感情，有親切的體驗，並舉他自己在抗戰時代任教四川大學時住在四川鄉間的經驗說，這段活生生的經驗後來就變成他寫《中國鄉村》這本書的感情基礎。但是，他的著作都能攝情入理，以理化情，融理於情。我們通讀他的著作，都能感受到那種「理事圓融」的性格。何以能做到情理交融呢？從他的著作看來，主要是因為他治學眞正做到淸儒章學誠（實齋，一七三八——一八〇一）所說的「不離事而言理」的境界，他常以「平正踏實」四字來訓勉學生，也以「以學心讀，以平心取，以公心述」懸為治學的座右銘。他豐富的感情常流露於詩詞之中，但他治學則言必有據，不任感情泛濫。

最足以體顯蕭先生學問中情理交融這種特質的是他的《中國政治思想史》這部鉅著。《中國政治思想史》這部書，縱論國史數千年中政治思想之流變，自成一家之言。這部書的撰寫自然有豐富的感情因素作為內在富源。但是，這部書的撰寫並不是一蹴而幾的，它是建立在對中國政治思想史相關資料的長期研究之上的。在《中國政治思想史》撰寫之前，蕭先生曾根據他對史料的

⑱《同上書》，頁八六。

廣泛閱讀所得而編成《中國政治思想史參考資料》五大册，先交國立清華大學印成講義，分發諸生。從民國二十一年九月起，到民國二十六年七月抗戰軍興止，蕭先生任教於清華大學，講授「中國政治思想史」及「當代西洋政治思想」兩門課程，每週授課六小時，清華園學術氣氛濃厚，圖書設備豐富，他在授課之餘，積極進行中國政治思想史的研究計劃。他曾回憶這爲時五載在水木清華的教學生活說：⑲

> 我每星期授課六小時，有充分的時間去從事研究。我授當代西洋政治思想的辦法是這樣的：每一學生除了到堂聽講，期終應考外，必須閱看我所指定和他們自己搜尋到的參考書，並須在學年終了以前，就研讀所得，作一篇專題報告。……講授中國政治思想史的方式大致與此相同。為便利學生作進一步的研討起見，我從許多舊籍裏摘選了有關的資料，交人抄出，印成「講義」，隨堂發給他們。……可惜抄錄和排印的進度都頗遲緩。清代的資料，抄寫未竟，七七變起，無法繼續完成。所幸已經印成從先秦到明末總共一千四百多面的資料，我存留一份，給我後來《中國政治思想史》的撰寫不少方便。

這批講義編輯時，抗戰尚未爆發，是民國史上學術研究最爲朝氣蓬勃的時代，也是他生活較爲安定的一段歲月。蕭先生在民國廿三年（一九三四年）甲戌嘗有「移居」詩一首，誌當年初夏徙居

⑲《同上書》，頁一〇一—一〇二。

清華園新南院的心情云：⑳

陋室無須易舊銘，移家終不遠林坰，
窗前雜樹淺深碧，屋外遙山高下青，
經亂心情魚在釜，相依妻子影隨形，
悠悠天地誰賓主，暫向迴波寄斷萍。

這部在戰火燒遍全國前夕所編成的《中國政治思想史參考資料》，不僅是當時清華園內「中國政治思想史」課程上極爲有用的講義，而且也是抗戰時期蕭先生在四川鄉間撰寫《中國政治思想史》這部鉅著的主要參考材料。他嘗回憶抗戰期間飄泊西南，任敎於四川大學、燕京大學時寫作此書的經過云：㉑

我在農家寄居兩年，完成了《中國政治思想史》的撰寫。我在清華任教時所編的參考資料和我歷年授課所用的材料，全部帶到了成都。我在城內川大任教時，又從圖書館所藏的中國舊籍中搜索了一點補充資料，現在利用鄉間的安靜環境，著手寫一部適合大學生和一般讀者參考的中國政治思想史。坊間雖然已經出版了兩三部中國政治思想史，我相信還有餘地寫一部根據政治學觀點，參酌歷史學方法，充分運用原始資料，儘量避免臆說曲解的

⑳見：《迹園詩稿》（臺北：環宇出版社，民國六十一年）頁八。
㉑見：《諫往錄》，頁一二七。

書。每天晚飯已畢，稍事休息之後，我便獨坐書齋，在燈下構思走筆，日復一日，很少間斷。到了二十九年夏天，全書脫稿，償了懷抱十幾年的夙願。

如衆所周知，《中國政治思想史》一書出版以來，望重士林，紙貴洛陽。史學界前輩繆鳳林先生推許備至。一九五八年，蕭先生早年的弟子現任敎於普林斯頓大學的牟復禮（F. W. Mote）先生開始譯此書爲英文，首卷於一九七八年由普林斯頓大學出版（書名是Kung-Chuan Hsiao, tr.by F. W. Mote, *A History of Chinese Political Thought*, Volume I: *From the Beginnings to the Sixth Century A. D.*; Princeton: Princeton University Press, 1979），一年之內迅卽售罄，立卽籌備第二次印刷。而《中國政治思想史》這部書的寫作，正是以《中國政治思想史參考資料》這部材料選集作爲基礎的。我們可以說，蕭先生治學之矩矱正是以嚴謹的史料爲基礎，埀事以顯理。

由於這種「平正踏實」的治學風格，所以蕭先生治思想史特別注意探索思想發展的歷史背景。他說：「一種政治學說是否包含眞理，可以從兩方面去判斷。第一、人類的思想，尤其是社會和政治思想，不能離開歷史環境而發生。因此衡量一種學說是否眞確，便可依照其是否能切合一個時代的需要，或反映一個時代的實況而斷定。第二、思想雖然不能完全脫離環境，偉大的思想家却能够不受時代的限制，在當前的環境裏面發現人生和社會的基本原理。」㉒這種看法是他

㉒見：蕭公權，「孔子政治學說的現代意義」，收入：《文存》(一)，頁一五九。

論述中國政治史的基本立場，也可以說是他治思想史的方法。蕭先生曾稱許張朋園先生所寫的《梁啓超與民國政治》這本書說：「作者於述論梁氏言論時不但詳確地擧其內容，並且說明其發生之根源以及轉變之背景，於是其歷史上的意義，豁然呈露，這可以說是治思想史的『上乘法』。」㉓這種意見正是他治思想史方法的表白。

因此，通貫他的《中國政治思想史》全書，蕭先生反覆申論一項基本看法：「政治思想雖不能離環境以產生，而在同一歷史環境中，所有思想之內容不必皆出一轍。個人之品性，家庭之生活，師友之影響，凡此一切均可使個人對於同一環境發生不同之反應而促成其思想之分歧。」㉔這項看法成爲他解釋中國政治思想史的重要基礎。擧例言之，蕭先生論述先秦政治思想之發展，對於先秦諸子各家各派思想之交互影響付予高度的注意，其理由乃在於「先秦學說既產生於大體相近之歷史環境中，各派之間豈能避免交互之影響。」㉕本乎此一理由，他指出，墨子曾受儒家之影響，法家思想一部份殆由儒學蛻變而來，法家亦受道家影響。而道家與墨家殆亦相通。㉖在先秦孔門之內，孟荀俱傳孔子之學，以其所處之歷史環境與仲尼不同，故其思想之內容亦略有變

㉓見：蕭公權先生為張朋園著《梁啓超與民國政治》（臺北：食貨出版社，民國六十七年）所寫的序，頁一。
㉔見：《思想史》㈡，頁一六四。
㉕《同上書》㈠，頁三二。
㉖同上註。

異。[27]荀子之尊君態度則爲專制天下前夕歷史背景之反映。[28]孔墨不同道，然二者行迹實有相似之處，此因孔墨之歷史時代及政治環境大體相同，故墨子乃一平民化之孔子，墨學乃平民化之孔學。[29]蕭先生亦根據同樣觀點認爲，韓非爲法家之殿，而實集前人之大成。其思想中『法』『術』『勢』之三主要觀念，皆爲歷史環境之產物，孕育長養，至韓非而達其最後成熟之形態。孕育長養此諸觀念之歷史環境，一言以蔽之，即封建天下崩潰過程中之種種社會政治事實而已。[30]

蕭先生也以歷史背景之轉變解釋秦漢以下思想史之發展。在秦漢思想史上，墨學之消沉爲一大事因緣，歷來思想史家說法不一，民國初年學界對此一史實之原因爭論尤其激烈。蕭先生認爲，墨家衰亡之最大原因，在乎環境之改變，而墨徒不能修改師說以適應之。秦始皇統一天下，封建爲郡縣所取代。劉邦更以白衣而爲天子，皇權大興，凡此皆與尙同、非攻、尙賢之主張格格不入。因爲墨家政治思想本鍼對晚周之歷史背景而產生，其不能昌明於一統之專制天下，誠勢所必至[31]。除墨學消沉此一史實之外，漢代思想之由黃老當令轉變爲儒術獨尊亦爲值得深思之問

[27]《同上書》㈠，頁八六。
[28]《同上書》㈠，頁一〇一。
[29]《同上書》㈠，頁一二八。
[30]《同上書》㈡，頁二二七。
[31]《同上書》㈡，頁二六二—二六三。

題。蕭先生認為，漢代黃老所以由養生改為治世，復由臨民以返於為我者，其根本原因仍當於歷史背景求之。中國經六國及秦楚之長期爭亂，天下困窮，達於極點。故魯儒生不肯附和叔孫通以興禮樂，文帝不納賈誼之言以改制度，可謂深合時代之需要。經惠文景三朝數十年之休養生息，至武帝初年遂大臻於富庶。國力既已充裕，政策自趨積極。又適值武帝為好大喜功之主，於是黃老清靜之徒『功成身退』，儒家禮樂之術亦應運而興矣。昭宣以後，黃老漸歸隱微，至東京晚世而復成為在野之學術者，其最大之原因，似在歷史背景之轉變。[32]

蕭先生也一貫地注重歷史背景這個因素來解釋漢代以降中國政治思想的轉折變化。例如，他認為魏晉時代，自恣之思想所以一時盛行者自有其歷史之原因。約言之，曹魏東晉之百餘年間，乃中國社會之衰亂時期，亦為對抗禮教之反動時期。此反禮教運動與反專制之潮流滙合，遂蔚為一種以放浪人生觀為基礎之無君論。《列子》一書殆為此種背景下最重要之代表作品。[33] 同樣地，他也指出，唐代儒家政論隨時世之盛衰而變化其內容。[34] 這種政治思想與歷史背景相呼應之事實於反對君權之思想發展線索中最能得之。蕭先生對於這一點有極精彩的分析。他指出，中國之專制政體肇端於秦，歷漢唐而其弊大見於世。先秦所未有之激烈反君言論，遂應衰政而迭出。

[32]《同上書》(三)，頁三三四。
[33]《同上書》(三)，頁三七四。
[34]《同上書》(三)，頁四一二。

漢末有王充，東晉有鮑生，晚唐則无能子。其時代有先後，思想之主旨則不謀而大致相同。然而出世愈晚者對專制痛苦之體念愈深，所得之政治經驗較富，其言論之深切感憤亦每突過前人。蓋李唐一朝不獨懿僖之君昏政亂，諸禍並臻，爲前代所罕覯，而太宗征撫外藩，交通遠國，道佛爭長，朝野風靡，其情形亦屬僅見，无能子生當唐末，其所得之政治知識與痛苦經驗，必遠有過於鮑生者。其毀棄君親之言詞，遂爲空前未有放膽肆情之奇謗。此由時勢所激，因果顯然。㉟在同一觀點之下，蕭先生也以時勢及思想背景之轉變，申論儒學大變於宋代之原因。㊱蕭先生對王夫之政論推崇備至，許其「就事實以立原理，通古今而權得失」。㊲蕭先生以歷史環境之變化論嚴復思想在民國元年前後之轉變㊳，也以歷史環境之變化解釋辛亥革命所以成功之部份原因㊴。

從上文的討論中，我們可以看出，蕭公權先生學術世界中所呈現的情理無礙的性格實奠基於他不離事而言理的取向。因他極爲重視思想史發展之歷史背景，故所論之「理」乃不爲玄理、空理，而爲可徵驗之「實理」。這種治學風格在蕭先生所處的那一個時代人文學者喜談概念，尤其

㉟《同上書》(三)，頁四三一。
㊱《同上書》(四)，頁四五〇—四五一。
㊲《同上書》(五)，頁六三五。
㊳《同上書》(六)，頁八〇八。
㊴《同上書》(六)，頁八三四。

喜歡用西方理論來討論中國歷史經驗的風潮之中，顯得特別突出而與衆不同。最具有代表性的例子是蕭先生對宋儒政論的看法。蕭先生指出，程朱之政治哲學大體上以《大學》一書爲根據，表面視之，固遠承先秦儒學之正統，然就歷史背景論，則程朱之言正心修身，又與孔孟之意義有異。孔孟思想以封建宗法爲對象。世卿宗法既爲統治階級之重心，君長之德行自可成爲維繫人心，安定社會之重要力量。秦漢以後，歷史之環境大變。千五百年間『堯舜二王周公孔子所傳之道，未嘗一日得行於天地之間。』此乃歷史之邏輯使然，毫不足怪。宋儒不問此理而欲障川東流，期堯舜之心傳於專制政體發展垂成之際，其爲不切實用之高談，無待深辯。蜀黨及功利家譏侮理學家爲迂闊，誠非盡誣矣。㊵蕭先生認爲宋代儒者「各家之哲學思想固多新穎分歧之點，其政論則不外搬演『大學』、『中庸』之正心誠意，孟子之尊王黜覇與乎一治一亂諸陳說而已」。㊶蕭先生此種特殊之見解，殆與其特就歷史背景論思想之立場有密切之關係。此種特重歷史背景析論思想史發展之矩矱實有其重大之典範性價值在焉。由於蕭先生絕不把思想家抽離於其所處的歷史環境之外，所以他析論思想史之進展，最能得孟子所說「知人論世」之旨。例如他明白指出，「孔子思想中未嘗有近代之民族觀念」㊷但此不足爲孔子病，因爲孔子思想之本身及其所處之歷

㊵《同上書》㈣，頁五〇二。
㊶《同上書》㈣，頁四四九。
㊷《同上書》㈠，頁七二。

史背景乃所以致此之由。蕭先生把孔子置於春秋歷史之背景中考察，故在五四以來反孔思潮中獨能力排眾議，對孔子特具同情之諒解。

三、蕭公權思想的內部特質

上文的論述乃就蕭先生所處時代的歷史背景討論蕭先生所開創的學術世界的三大外部特質。然則，蕭先生學術思想的內部構造有何特徵？這是我們在本節中擬加探討的主題。

約而言之，蕭先生思想的第一個重大組成部份就是對於人間諸般活動中道德的優先性的肯定。蕭先生析論政治及人生各種問題，一貫地堅持道德乃一切之基礎，此一信念通貫他的全部著作之中，而溯其源流則早濫觴於他的第一本英文著作《政治多元論》一書之中矣。《政治多元論》這本鉅著原是蕭先生在美國康乃爾大學所提出的博士論文，全書是以唯心論（或近乎唯心論）者的立場對拉斯基的政治多元論提出深刻的批判。在此書的論述之中，蕭先生隱約但肯定地表示了他對霍布士（Thomes Hobbes, 1588-1679）和盧梭（J.-J. Rousseau, 1712-1778）的不滿之情。他認為，霍布士的「大巨靈」（Leviathan）及盧梭的公意（General Will）說均與個人的尊嚴與價值有牴牾之處。他對亞里斯多德及中古時代的亞奎那（Thomas Aquinas, 1225-74）則深具好感，因為亞里斯多德的國家理論有深厚的倫理基礎，而亞奎那的政治思想則寓有高遠的宗教情操。㊸蕭先生對西洋政治思想史上諸大家的衡評月旦自有其一貫之標準，此即是道德優先性此一原則之考慮。所以，他批評二十世紀的政治多元論思想家，指出就當前世局言，我們應當賦予經濟階級更多的責任，而不是給予權力；我們應給予經濟階級更多的正面的合作的機會，而不是給予他們更多的自主性。㊹他也曾就道德的優先性此一原則批評當代多元論的大師拉斯基說：㊺

> 拉氏大體上接受顧林之倫理個人主義，承認國家之中有公善之存在。故國家服役於衆人之共同及普遍目的，而其他之社團皆不過滿足人生片面之需要，此國家之地位所以必高出於一切組織之上也。信如是說，則國家之威權縱非絕對，而亦未可以降尊就卑以與其他之「威權」相提並論矣。此多元論之不適用者一也。且據拉氏之說，在社會之中，個人人格之自由發展外更無較高之目的。國家既基此目的而存在，則社會之中豈容有第二之威權與國家之威權互相爭競？此多元論未能與倫理個人主義相融洽者二也。此等理論上之衝突雖未必影響拉氏全部思想之真價值，然大純小疵之嘆則至少不能免矣。

此種言論皆可以反映蕭先生思想體系中對於道德優先性之肯定。

㊸見：K. C. Hsiao, *Political Pluralism*, Passim.

㊹Ibid, p. 225ff.

㊺蕭公權，「拉斯基政治思想之背景」，收入：《文存》(一)，頁二四。

但是，這種對於道德優先性的肯定的理念從何而來？我們細繹蕭先生的著作及言談內容，似乎可以發現，此一理念仍來自於中國儒家傳統。蕭先生曾論儒家傳統說：㊻

> ……不論陸王或程朱，其基本假定是在「道德」。從儒家立場來看，一個人沒道德就失去人格，要做為一個真正的人就必須有道德。要如何有道德呢？必先知什麼是道德。所以知識是達到道德的一個門徑，所以這樣講起來道德是目的，知識是手段。無論先秦、宋、明、清儒大致都是這個看法。中國傳統不是一個求知的文化，中國人講知識是在求善。西洋人則講真、善、美。中國人則以善為首，真為次，美則沒有。古希臘雅典有一學派特別注意「知」。有人說這可能是西洋科學的根源。亞里士多德學派其實也重道德，不過它有一種傾向特別注意「知」，為知識而知識，因此亞氏有許多關於技術方面的著作，被視為科學之父。這種精神在中國至少在民國以前是沒有的。所以中國科學不發達，雖然李約瑟(Joseph Needham)曾說中國有許多發明，不過中國有的却只是應用技術方面的貢獻，至於純理論科學貢獻就比較少了，中國有公孫龍、惠施、甚至墨子等都較重「知」，但同樣都沒有發達。所以中國文化傳統可說是以道德為主，「知」只不過是手段而已。宋朝朱子有時好像很近於一個科學家的態度，抗戰時我同熊十力先生同住一屋，經常談論問題。熊

㊻見：蕭公權口述，「儒學傳統與中國文化更新」，頁六七—六八，見本書，第五篇。

> 十力先生看不起西洋學問，有一天我和他論朱熹「格物致知」的思想。我認為朱子「卽物窮理」的理論和西洋很接近。熊先生亦贊同這種看法。……孔子和儒家所提倡的學說中有一個「敬」字很值得我們注意。「敬」字是什麼?它最好的詮釋是「Sincerity」。就是規規矩矩做事，將一件事當一件事；將一個人當一個人，說一句話算一句話，不說謊。當一個正正經經，直直爽爽的人。目前的中國、甚至美國所欠缺的正是這種做人的態度。有了「敬」的態度就可以做事，做事就肯負責，這種人雖可能成功，也可能失敗，但他夠資格當一個眞實的人。凡人如心懷「敬」字，則視工作為快樂，工作成功更快樂，工作失敗亦不難過。因為自己盡了心力去做，不成功也問心無愧了，這是儒家道德行為的一個重要原則。

蕭先生對中國儒家傳統中「道德」理念的重視實在就是他論學及治事的最高準繩。這是他思想體系中第一個突出的內容。

可能由於對道德優先性的原則的肯定，所以蕭先生論析十九世紀清朝對中國鄉村控制之日趨瓦解的原因時，在各種原因之中，他特別强調行政的腐敗這一個因素。㊼這種對歷史的看法與他

㊼K.C. Hsiao, *Rural China: Imperiol Contral in the Nineteenth Century* (Seattle: University of Washington Press, 1960) pp. 504-505.

的思想是一脈相通的。

蕭先生學術思想的第二個重要的組成部份是他對於中西古典思想的重視。從蕭先生學術思想發展的歷程來看，這種傾向早在他的第一部英文著作《政治多元論》中就已微露曙光了。在這本書中，蕭先生對政治多元論展開深刻的分析，並提出許多深入但有禮的批判。在全書的論述中，讀者可以感受到蕭先生的哲學立場比較傾向於理想主義。㊽他認爲，對於解決社會中的自由問題的眞正途徑既不在於權力的分化，也不能太過依賴自治政府，而在於整個經濟階層的獲得自由，並賦予整個經濟階層更大的責任。㊾蕭先生這種看法與馬基維利（Niccolo Machiavelli, 1469-1527）以後的政治學家努力於把政治與道德析而爲二的做法大相逕庭，而顯然與古典時代的思想家例如亞里斯多德對於政治的看法有其相近之處。

這種重視古典思想的傾向也出現在蕭先生對於當代中國問題的看法之中。例如近代中國學人對於自由主義及民主政治在當前以及未來中國的發展都付予高度關切。蕭先生是近代中國學術史

㊽此書問世的次年，即有人撰寫書評指出此一特殊傾向。評者說："*Political Pluralism*……is a very stimulating work, worthy of the careful attention of every serious-minded student of political theory. It is the best contemporary statement of the idealist Position", *Journal of Philosophy*, 25 (July, 1928), p.383.

㊾K. C. Hsiao, *Political Pluralism*, pp. 254-255.

上傑出的政治學家，他對於憲政與民主自然特別地關心。在抗戰勝利行憲初期，蕭先生對於憲政與民主曾發表系列的論著，從各個角度分析並鼓吹實施憲政民主的理論及其實際，充分表現知識份子的愛國熱誠。[50]但是我們細繹蕭先生論政的文字，則可以發現他論述當代問題常回歸先秦孔孟學說作爲批導時代沈疴的準則。他一再推崇孔子的人本主義的政治觀，認爲孔子政治學說最大的特點是把「人」作爲政治生活的起點、內容與目的。從這個觀點出發，他認爲：「假如尊重人格是近代自由主義的一個基本信條，那麼孔子學說顯然在這一點上有不謀而合，精神相通之處」[51]。不僅此也，蕭先生也認爲孔孟思想與現代民主的政治生活方式並不相悖，他說：「如果中國人二千多年來眞正信仰孔孟學說，眞正實行孔孟思想哲學，孔孟思想成爲行爲的規則，我們要實行民主大概就比較容易。」[52]蕭先生又說：「孔子所提倡的毋寧是一種普遍的作人的態度。至於孟子『民爲貴，社稷次之，君爲輕』的思想則幾乎和西方近代的民主思想相接近了。中國古代雖無 "Government by the People," 的事實，但是 "Government for the People," "Government of the People" 的想法仍是有的。孟子『國人皆曰可殺』的講法更與西方議會政治的精神

[50] 蕭先生論述憲政與民主的文字均收在：《文存》㈡，政論與時評，頁二四九—四三二。
[51] 蕭公權，「孔子政治學說的現代意義」，收入：《文存》㈠，頁一七一。
[52] 見：「儒學傳統與中國文化更新」，頁六六，見本書第五篇。

相當接近了。因此，先秦儒家孔孟的思想與西方自由民主的思想是接近的，自然能夠調容。」[53]換句話說，在蕭先生的思想中，古典時代的思想家如西洋的亞里斯多德以及中國的孔孟思想都含有現代生活的因子，因此，我們分析現代生活的相關問題應多同歸古典的思想泉源以爲據。所以，在《中國政治思想史》書中，蕭先生即根據孔孟道德政治之旨趣批評宋明儒的「三綱」之教[54]，亦據孔孟之說以批判張之洞（一八三七——一九〇九）之反民權思想。[55]這種重視中西古典思想的傾向是蕭先生思想內涵的第二個特質。

蕭先生思想的第三個特質是對於民族文化生命的重視。這一個特質與蕭先生所具備的「文化的折中主義者」的歷史性格並不互相矛盾。正如前文所指出者，蕭先生那種「文化的折中主義者」的歷史地位必須在近代中國人文學術思潮中中西衝突及新舊激盪的歷史背景來衡量才能見其意義之所在。蕭先生是從中西文化傳統的大同處而不是從其歧異處入手來思考文化問題，故特別著重中西文化的「心同理同」之處，主張對中西文化一體對待，不必是此而非彼，出主而入奴。我們應該在這裏特別指出的是，蕭先生對中西文化的態度是「以平心取」，兼攝兩者心同理同之優點，加以融會貫通，而不是故作調人，不問是非地混爲一罈。正如前文所說，蕭先生是在近代

[53]見：黃俊傑，「萬里寄蹤長是客——蕭公權教授訪談記」，收入：氏著，《歷史的探索》，頁一三〇。
[54]見：《思想史》(二)，頁二三二。
[55]見：《思想史》(六)，頁七八九。

中國的思想風暴中，站在中國民族文化的土壤上，篤定地拿着手中的鋤頭，迎上前去吸取西方文化精髓而加以貫通的思想家。民國七十年十一月廿五日下午三時三十分，華盛頓大學爲蕭先生學辦追思會，該校前俄國及遠東研究所所長戴德華（George Taylor）教授曾以在學術及私誼與蕭先生相知數十年的老友的身份說：「蕭先生是一個徹徹底底的中國人（"K. C. was Chinese through and thorough"）。」[56] 對蕭先生而言，戴氏所說的這一段話可謂知心之言。這一點正是鍼對蕭先生對於中國民族文化生命的重視而說的。

我們只要細讀《中國政治思想史》，就可以發現蕭先生在析論中國數千年政治思想的演變之時，對於民族文化實具有一種特殊的感情與悲願。以下這一段文字尤其具有代表性。蕭先生說：

[57] 大凡社會紊亂，民族衰微之際，士大夫對於傳統之習俗制度文化每發生重大之疑問。或批評舊秩序而提出新理想，或致力於破壞而無所建設。先秦諸大家中，孔墨屬於前者，老莊屬於後者。然而老莊雖抨擊一切有為之政事，固未嘗主張捨華效夷，對中國文化之本身施以詆毀也。故所譏者，堯舜之仁義，而其理想之君主則為民族遠祖之黃帝。自後漢王充譏俗辨惑，中國文化之本身始遭嚴重之攻擊。魏晉清談繼之，『列聖相承』之『大經大法』

[56] 見：戴德華教授發言內容打字稿。此稿連同其他人士之發言內容不日將彙編成冊出版。

[57] 見：《思想史》(三)，頁三八八—三八九。

益趨於搖動。而天竺教義適於此時大量輸入。其本身既具精微之學說，其出世之宗教信仰又有解除亂世人生苦悶惶惑之魔力。於是一部分之士大夫及平民，遂不免『盡棄其所學而學焉。』且至於甘冒不韙明唱捨己從人之主張，取全部民族文化而否定之。此誠中國思想史上空前之鉅變。異族文化之接觸，本為人類文化史中習見之事，且每為促成進步之媒介，無庸加以惋惜。所足認為不幸者，中國首次所接觸比較高度之異族文化適為佛法，而佛法又為非政治之厭世宗教，接觸之結果雖激起哲學與宗教思想之進步，而無裨於社會及政治生活。且佛徒之非政治思想又為老莊家所固有。如釋道安稱『西方有聖人焉，不治而不亂，不信而自信，不化而自行。』釋道恆亦謂『沙門在世，誠無目前考課之功，名教之外，實有冥益。』此皆拾清談之牙慧，於政治思想無絲毫之貢獻。此後隋唐統一，大局略定，民族之自信心漸復，儒家之勢力再起。士大夫仍恃『列聖相傳』之道以抗拒『異端』，經邦治國。迄於五代之亂，老莊又復短期盛興。秦漢魏晉之思想循環，於是乃完成其第二次之運動。

因爲站在民族文化的立場，所以在蕭先生看來，佛學東來無裨於社會及政治生活，而隋唐時代儒學的復興，則代表了「民族自信心」的恢復。在同樣的對於民族文化生活的重視的觀點之下，蕭先生對於國史上的外族政權一直嚴加批判。例如他很推崇明代的反專制政治思想，認爲：「明代政論特點之一即爲注意於民本民族之觀念，上復先秦古學，下開近世風氣。明初之劉基、方孝孺與明末清初之黃宗羲、王夫之分別代表此兩種趨勢，皆對專制天下之弊政加以嚴重之攻擊。」[58]

但他立刻追溯明代反專制思潮的來源，認爲實係異族蹂躪之慘痛經驗有以啓發之。他說：[59]

抑吾人應注意，此前夕之思想實從長期痛苦之中鍛鍊以成，並非得之容易。中國受虐政之荼毒及異族之蹂躪，至元朝而達於極點，生民塗炭之苦，前乎此者殆無過於晚唐五代。然懿僖雖昏縱，猶中國人之自主，未嘗蹴庶民以下儕奴婢犬馬也。五胡之侵，北朝之僭，開外族入主之奇禍。然其君旣多同化於中國，且每能治政安民，不乏英主。加之政權不固，囿於偏安。衣冠文物猶得江左以為庇護之所，則其為害，亦未極遠。至蒙古呑滅宋金西夏，始以異族立一統之政權。蒙古旣以征服者自居，對漢人遂大施陵虐。擧其尤甚者如漢人不得為庶官之長。蒙古人居官犯法不由漢官斷罪，而蒙古色目均得侮傲漢人。此諸政治及社會上之不平等，已足產生嚴重之結果。加以經濟及文化上之壓迫則幾可絕滅人種，使無噍類。蓋蒙古帝國本不以中國為中心，諸帝旣多不習漢文，漢人反甘心同化。田地旣多為蒙古色目所佔奪，租稅則仍為漢人所承擔。國家常課以外，復須供奉領主。民不聊生，至於自殺。『州郡長吏生殺任情。孥人妻女，取貨財，兼土田。』江南州縣官無俸給，椎剝

[58] 見：《思想史》四，頁五二一。

[59] 見：《思想史》四，頁五二一—五二二。

百姓以自給。王公大臣復彊佔民田以為『草場』。民既無地，淪為佃農。豪家搾取如奴隸，契賣如牛馬，格殺不論抵死。凡此不過舉其著者。若加細按，可盈卷冊。苛政猛於虎，豈足以致天下於治平。故元世祖時江南盜賊已四百餘處。元末則羣雄蜂起，大都迫於饑寒，出身微賤。切齒於異族之暴政，遂奮起而傾覆之。劉、方之政論則此反抗異族專制政治運動思想上之反映也。

在這個脈絡下，蕭先生雖然也指出「吾人不得不承認其（方孝孺）尙因襲以文化區種族之古代學說而未克臻於兼重血統之近代民族思想」[60]，但他對方孝孺及王夫之的民族思想仍大加推崇。他說：「明社既屋，異族再侵之後，王夫之始重申華夷大義，而建立毫不妥協之民族思想。方氏揚其波，王氏極其流。正統論開創之功亦不容吾人輕視也。」[61]字裏行間，他對民族文化生命延續問題的重視流露無遺。

由於對民族文化生命之重視，所以蕭先生對於明太祖朱元璋的歷史地位推崇不已，許為中國歷史上之空前創舉，但對於明代專制之深刻化此一痛心的發展也痛加批判。他說：「明代開基，揭民族革命之大義，成光復漢土之偉業，實為中國歷史上之空前創舉。所可惜者，太祖及其佐治

[60] 見：《思想史》(四)，頁五三六。
[61] 見：《思想史》(四)，頁五三七。

之大臣雖能顛覆異類之政權，而不知徹底改造積弊已深之專制政體。以故亡元苛政之餘毒，始終未能肅清，中葉以後，患且增劇。晚明民生之痛苦，以視元代，殆有過之。蓋太祖懲蒙古之失，雖嘗致力於刷新政治，而成祖篡位，其設施每與太祖之政策相背。繼體之君，又多昏庸淫虐。於是以暴易暴，重蹈蒙古專制苛政之覆轍。」62在這個觀點下，蕭先生對於王船山的民族思想特加表彰，認為船山發前人所未發，足與近代民族主義相印證。63但值得注意的是，蕭先生對於近代學人所推崇的黃梨洲則有極大保留。他認為，梨洲貴民之政治哲學，誠首尾貫通，本末具備，為前此之所罕覯。梨洲貴民之古義，不啻向專制天下之制度作正面之攻擊。但蕭先生繼又指出，梨洲雖反對專制而未能衝破君主政體之範圍。故其思想實仍蹈襲孟子之故轍，未足以語於眞正之轉變。更嚴重的是，黃氏躬與反淸復明之運動，而於民族大義則未有堅確之認識。故待訪錄序文以箕子自命，頗遭後世之譏彈。蕭先生明白指出，「（梨洲）晚年之語，謂『素中國行乎中國，素夷狄行乎夷狄。古來相傳禮教二字，就是當路之準的。蒙古據有中國，許趙之功高於弓矢萬倍。自許趙出，蒙古亦中國矣。』則非吾人所能輕易贊可。他姑不論，梨洲夙號湛心史學，豈不知蒙古未嘗一日同化於中國。何況夷夏大防，又非同化一事所能打破乎。」64他對黃梨洲的批判完全

62見：《思想史》㈤，頁五九五。
63見：《思想史》㈤，頁六三七。
64見：《思想史》㈤，頁六〇六。

是站在民族大義的立場而出發的。

何以蕭先生思想中對於民族文化生命的存續付予特殊的關懷？這是一個值得我們思索的問題。從蕭先生所處的時代歷史背景中，我們可以尋得這個問題的部份答案。蕭先生身歷中國歷史的巨變。他和同時代的許多中國知識份子一樣，面對着許多時代的問題：如何救亡圖存？知識份子對社會的責任何在？求國家民族富强的秘方何在？應如何整理國故，再造文明？對西方的民主與科學應以何種態度對待？諸如此類的問題以排山倒海的氣勢拍打着近代中國知識份子的心靈。[65]而這一切問題都必然歸宿到中國文化生命的存續這一個大問題之上。這可以說是蕭先生重視民族文化生命問題的大的時代背景。

但比這個大的時代背景更切近的則是蕭先生寫作《中國政治思想史》的時間因素。這一部洋溢着熱愛民族文化生命的感情的巨著是寫成於抗戰時代的四川。從民國二十七年二月至三十六年八月，蕭先生在四川成都住了九年半，《中國政治思想史》正是他漂泊西南的一大收穫。[66]抗戰期間，蕭先生全家疏散到鄉下，在西郊鎮門坎的農家借居二年，完成了《中國政治思想史》的撰寫。鄉居生活雖然恬靜，正如蕭先生的「日涉」詩中所說的：「萬里橋西借屋居，閒情幽景兩堪

[65] 戴德華 (George Taylor) 教授在華大的追悼會中對於蕭先生所處的這個歷史背景有深入的討論。

[66] 見：《諫往錄》，頁一三三—一三七。

娛。清溪照影魚知樂，好樹觀花鳥與俱。曳杖吟邊無魏晉，抛書夢裏有唐虞。他鄉日涉都成趣，不羨歸舟泛五湖。」[67]但是，整個的國家是在「烽火殘山外，貧家歲暮時」[68]的危局之中。日寇侵華，生靈塗炭，中華民族在抗戰的洪流中歷煉，蕭先生自北平流寓重慶，擧目所見的情景是：「……窮巷流民集，秋郊戰骨寒。……赤縣風煙沒，黎民鋒鏑餘。」[69]這種時代的悲劇與民族的苦難是蕭先生在「萬里橋西偶寄家」[70]的環境中寫《中國政治思想史》時所不能忘懷也不忍忘懷的。所以，他在析論中國政治思想的流變時，對於那些忘却民族苦難，爲異族政權辯解的人常直斥爲「認賊作父」，絕不寬貸。[71]

蕭先生這種對於民族文化生命的重視至垂暮之年而無日或已。近三十年來，蕭先生寄寓北美，身繫異邦，但無時無刻不掛念着故國。這種對故國山河的眷戀情懷，常點化爲以血淚寫成的詩篇。在他的《迹園詩稿》與《畫夢詞》兩書最可以體會他的感情。寄居他鄉，他的心情是哀痛無以言宣的：「刼餘親友來音少，國破山河入夢難」(「庚寅九月十五夜對月」)。東望故國，他

[67] 收入：蕭公權，《迹園詩稿》《吟夏集》，頁七，下—頁八，上。

[68] 引蕭先生「歲暮」詩，見：《迹園詩稿》《吟夏集》，頁五，上。

[69] 引蕭先生「移居雜詠」詩，見：《諫往錄》，頁一一二。

[70] 見：《迹園詩稿》《鳴秋集》，頁五，下。

[71] 例如蕭先生就直斥凌廷堪、張之洞等人歌頌皇恩之行爲爲「認賊作父」。見：《思想史》㈤，頁六六〇及㈥，頁七七八。

的感受是：「……巢已破，卵空全，神皐洪水正滔天。王師北定知何日，閒殺乘風萬里船」（「鷓鴣天」）。他在外國播種中國文化的種子，使中國文化大放光芒於世界學壇，他時刻縈懷的是：「故國艱難千里夢，長宵辛苦一燈明。」（「兀坐」）寄寓異邦，他雖「懶向桑餘哀落木」但「仍於刼後念家山」。⑫這種故園情懷在感性文字的後面實在寓有理性的對民族文化生命的認同在內。

以上我們試從蕭先生思想體系中尋繹其極爲突出的三個方面：對道德的優先性的肯定，對中西古典時代思想的重視以及對民族文化生命的關懷，這三個方面都與近代中國人文學術的發展息息相關，而蕭先生的歷史位置也由此益爲彰顯。總結地說，蕭先生畢生關切的問題正是「中國歷史文化的變與常」⑬，他正是站在這一個基本關切點之上來從事對中西文化的折衷與融會。

⑫引自蕭先生「閒顏」詩，見：周策縱，「忘年詩友：悼念蕭公權先生」，《傳記文學》，第四四卷第四期（民國七十一年四月），頁五五。

⑬蕭先生七十之年自美國華盛頓大學退休，友生撰文紀念其榮退，書名《中國歷史文化的變與常》，頗能點出蕭先生對民族文化生命的執著。參見：David C.Buxbaum and Frederick W. Mote eds. *Transition and Permanence: Chinese History and Culture: A Festschrift in Honor of Dr. Hsiao Kung-ch'üan* (Hong Kong: Cathay Press Ltd., 1972).

四、結論

從近代中國思想史的立場來看，一八九〇年代末期是近代中國的思想危機開始出現之期，五四時代這種危機發展臻於高峰。[74] 近代中國知識份子所感受的不僅是「文化認同」危機的驅迫，他們更面臨了生命意義危機的變局。[75] 蕭公權先生正生於這樣一個歷史背景之下。他的思想中那種對於道德優先性的確認、重視古典思想的傾向以及對民族文化生命的珍視等突出的內涵都使他在某種程度之內具有史華慈(Benjamin I. Schwartz)所謂的「文化保守主義」[76] 的某些特徵。但是，蕭先生和近代中國新儒家學者之間仍存有一項重大的不同，那就是近代中國新儒家學

[74] 張灝先生對於近代思想史上這項發展有深刻的分析，參看：Hao Chang, *Liang Ch'i-ch'ao and Intellectual Transition in China, 1890—1907* (Cambridge, Mass.: Harvard University Press, 1971). 張先生近撰新著：*Beyond Wealth and Power* 當稿續於此一問題有所論述。

[75] 參考：Hao Chang, "New Confucianism and the Intellectual Crisis of Contemporary China," in Charlott Furth ed., *The Limits of Change: Essays on Conservative Alternatives in Repulican China* (Cambridge, Mass.: Harvard University Press, 1976), pp. 276-304.

[76] 參考：Benjamin I. Schwartz, "Notes on Conservatism in General and in China in Particular," in Furth ed., *op. cit.*, pp. 3-21.

者每以「反實證論的思考模式」❼來追索生命的意義，解決他們所面對的歷史問題——意義的危機。所以，他們對於儒家思想傳統中的宗教性具有特殊深刻的體認，也因此他們對宋明儒學特具好感。但蕭先生對於宋明儒者則相對地缺乏這種特殊的認同與感情，他毋寧是以回歸先秦孔孟教義為其論學為人的最高鵠的。

何以蕭先生走上文化的折中主義者的道路呢？這個問題當然牽涉到他的家庭背景、成學歷程乃至時代因素等等。但是，最根本的理由恐怕仍在於他對於中國近代化問題的關切。蕭先生撰寫《中國政治思想史》開宗明義就為中國二千年政治思想之醞釀衝激而不能產生近代國家觀念深自慨嘆。❽他認為中國近代化的延誤與明末以來國人未能正確認識近代西方文化有深刻關係，他說：❾

所可惜者，當時國人識見未真，於近代西洋文化之根本精神未有領會。除極少數人士外，其接受此文化者每不免『買櫝還珠』，或僅取其中古精神之宗教信仰，或徒好其科學枝節之曆法礮術。反對之者尤不免故步自封，或據孔教以排天主，或尊釋迦以拒耶穌，甚至於墨守舊日曆法以攻測天新術。於是遠歷重洋之新文化種子遂落於不毛之磽土，無由萌長。

❼同註七五。
❽見：《思想史》(一)，頁十及(四)，頁五七八。
❾見：《思想史》(四)，頁五七九。

利瑪竇至北京後未及五十年而明社遽屋。從蒙古奪回之禹域九州又淪於滿洲異族政權之下。明代思想受外來刺激而轉變，以及本身自發轉變之兩大機會，亦隨之相共消失。魏晉儒道拒佛而佛教終盛，明清儒佛拒耶而耶教終行。處世界文化潮流衝激之中，而圖中流砥柱，獨保安瀾，其勢必不可能。然而明末清初西學之失敗，實使中國近代化之時期遲誤逾二百年。平心論之，未始非歷史上之一大不幸也。

但如何才能補救此一歷史的大不幸呢？蕭先生的答案顯然就是在於中西文化的折中，兼攝其長，合成並美這項努力之上。所以，他論中西文化多取其大同而少論其歧異，希望從東海西海聖人心同理同之處契入而爲中華民族開啓一條溫故而知新的坦途。正是在這種舊學與新知的融會以及中西文化的折中之中，蕭先生在近代中國人文學術史上樹立了一個「治道徵前史，多方論折中。人如秋水淡，詩與夕陽紅」⑧的無上典範與偉大人格，永爲後世所緬懷追念。

（本文原刊於：「史學評論」，第四期，一九八二年七月）

⑧一九六九年元月，周策縱教授賦詩爲蕭先生退休紀念，最能呈現蕭先生的爲學與人生。原詩如左：蕭公權先生寄示七十退休長句二章即呈短詩：小休有倦意，述作更誰同。治道徵前史，多方論折衷。人如秋水淡，詩與夕陽紅。今世復何世？高齋老此公。見：周策縱，「忘年詩友：悼念蕭公權先生」，頁五十。

五、儒學傳統與中國文化的創新*

蕭公權 口述
黃俊傑 筆記

※ 這一篇文字是蕭公權教授在民國六十八年春間與幾位前來請教問學的中美學生問答的實錄，討論的問題主要以儒家傳統及中國文化生命更新的問題為中心。蕭先生畢生從事於教育及學術研究工作，任教於國內外著名大學，出入中西新舊學問之間數十載。這一篇答客問很可以代表蕭先生晚年對中西文化問題的看法。民國七十年十一月四日，蕭先生以心臟病仙逝於美國西雅圖寓所，中外友生聞訊皆為之悲悼不已。筆者謹檢出兩年前談話的錄音帶加以整理刊佈，藉此對蕭先生表示無限崇仰的敬意。

當時向蕭先生問學學生甚多，討論時中英文兼用，故本文不特別標出提問者之姓名，凡標明「答」者皆係蕭先生之回答。全文記錄儘量保持當時口語對答之語氣，以存其真耳。

問：我們今天所要請教的問題都環繞在一個大問題之下，這就是近代中國文化和西方文化應如何調融的問題。更詳細地說，儒家思想和近代西方自由主義的結合是許多近代中國知識份子所關心的問題。請問兩者間結合的可能性如何？如果有可能的話，那麽這樣一個和西方自由主義結合的新儒家和傳統儒家有何不同？

答：對於這個問題與其要正面回答，不如從側面來講可能更有意義。我覺得我們談文化調和的問題往往容易偏向機械性的調和，故意去調合思想，事實上思想是不可以故意調合的。因爲思想是一種活的思想、有生命的東西。任何不同的思想傳統碰在一起自然而然地就會產生調和，故意去調合反而勞而少功。談到這裏我們無妨先檢討一般所謂的儒家思想是什麽，儒家幾乎分成兩派。康有爲說過，一派稱爲原始的儒家思想，那就是說在先秦時代典籍所保存的儒家思想；另一派則自漢武帝以來經宋、明、清歷代所尊奉的儒家思想。這兩種派別稍有不同，康有爲對於其中的差異闡釋得很清楚，雖然其間有些地方說得太過了一點，但大體上他的看法是有根據的。因爲專制帝王想利用儒家思想做他們的精神力量，有時候甚至拿儒家思想來影響一般人思想，例如：漢代皇帝鼓勵人民「孝悌、力田」即鼓勵人民遵守倫理，更進而盡守職份，如此一來則政府就不必擔心人民造反了。自從漢朝以後，許多帝王是想利用儒家思想來管制天下，西方學者造了一個名詞：「Imperial Confucianism」來形容這種被帝王所曲解的儒家思想。我們細讀《論語》和《孟子》

可以發現，孔子雖尊王，但絕不主張帝王有絕對權威。孔子思想中絕對沒有那種實行於中國數千年之久的專制思想。孟子更是主張：「民爲貴、社稷次之、君爲輕」，這種思想和西洋民主主義很接近。所以在戊戌維新的時候，梁啓超提出孟子是講「民權思想」，這種說法雖持之太過，但距事實並不太遠。孟子說：「國人皆曰可殺，然後察之，見可殺焉，然後殺之。」此「國人」當然不是指一般老百姓，但孟子這段話至少已經有了集思廣益的政治觀念，「國人」可發揮的作用類似非正式的議會。梁啓超之說雖不免持之太過，但儒家思想和近代民主主義並不背道而馳，這一點則是可以肯定的。

如果一個人能眞正相信孟子的主張，實行孟子的主張，那麽他生活在現代民主國家中一定不會感到難過的。所以從這觀點來講，儒家思想與民主主義就無所謂調融的必要，兩者之間已經有了接榫點。

問：我們是否可以說這種接榫點實際上只是理想，從中國歷史上看來，政治的實際狀況如：朱子致陳同甫書中所說的：「千五百年之間……堯、舜、三王、周公、孔子所傳之道，未嘗一日得行於天地之間也。」

答：對極了。對一般百姓而言，這種說法很難講，不過對政府而言確是百分之百的正確。在科學時代，考試是考孔、孟之學。請問有幾個人眞正實行過孔孟之道呢？我常覺得，中國人只要規規矩矩實行孔孟之道，中國文化自然復興了。舉個例子來說，《禮記》曾記載一個人進入門戶的禮節是：「言聞則入，言不聞則不入」。這種和西洋文明禮節很接近，一人在戶外發現二雙鞋子時，如果聽到說話聲則進入，否則就不進去。這不是很文明嗎？《禮記》中像這種記載多得很，所以中國兩千年的文明，只保留在我們思想上，但說到實際行為上則很令人感到慚愧。所以中國人拚命講孔孟之道，但實行得太少，少得無法形成一種社會風氣。

問：那麼，理論和實際之間的差距，是何種原因造成的？有些西方的歷史學家說：「沒有經過封建制度經驗的國家就根本沒辦法發展民主制度」。這種說法是否能成立？

答：這也不盡然，先秦時代等於是變相的封建。至於所謂「沒有經歷封建制度的民族不容易有民主知識。」這種說法主要是根據英國的歷史經驗，但是那時的英國也不過是民主思想的開端而已，和後來不太一樣。這種事情可說是歷史上偶然的事實，很不容易拿來做廣泛的解釋。歷史這個東西很複雜，歷史變遷有時候往往不知不覺，有時候是偶然，有時却又故意發生。很多時候是偶然的因素成功地發展，故意的造作反而不成功。談到為什麼中國不能有自由思想這個問題，當然二千多年的專制政體要負最大的責任，因人民生活上沒有這種習慣，所以在思想上也沒有這種可能。孫中山先生將專制推翻，而民間却沒有這種觀念，所以民主政體的建立很慢。再說，過去在專制體制下的人民心裏卽使不滿也不敢反抗。所以民主政治在中國根本沒有傳統，故不易實行。如果中國人二千多年來眞正信孔孟學說，眞正實行孔孟思想哲學，孔孟思想成為行為的規則，我們要實行民主大概就比較容易了。

問：往另一方面說，是否因爲儒家思想有內在的弱點，而這個弱點特別容易被專制政體所利用？

答：任何東西都有弱點，孔孟之學當然有弱點。孔子很重視秩序，他不提倡造反。孟子就有提倡造反之嫌。孔子生在春秋末年，因封建制度崩潰，社會上秩序很亂，諸侯不聽天子之命，所以孔子提倡國家與家庭之倫理秩序：「君君，臣臣，父父，子子」，並以「忠」來連貫，「忠」不是忠於君，是忠於任何人，任何朋友。因此孔子是針對當時社會的秩序而立說的。如果他講革命則專制帝王就不會再用他。相反地，他講社會秩序，講行爲的規矩，所以被專制帝王所利用。因此你說這是他的優點可以，說是他的缺點也可以。

問：換句話說，你認爲儒家思想和西方自由主義並不互相違悖？

答：西洋自由思想是因抗議專制而起的，跟孔子思想產生的歷史背景剛好相反。十八世紀自由主義之興起正是由法王路易十八專制覇道而興起。孔子是因亂而要求秩序。從歷史背景的比較來說，兩者產生的背景不同。

問：自由主義在未來中國落地生根，甚至中國化的可能性如何？

答：對這個問題，除非先知才有可能有正確的答覆。因此，我只能在有條件之下來答覆。答案很簡單——共產政權消滅才有可能自由。

問：西方文化裏有一個基本假設：原罪，共着眼點是從人性本惡這個觀點出發的。而在中國文化裏，儒家假定人性本善，這種基於性惡、性善爲開始的大的文化差別，對整個儒家思想和西方自由主義差別具有決定性的作用嗎？

答：西洋的自由主義基本假設仍是在於人性本善。不要忘了盧梭是西洋自由思想之父，在他看來，人一出生就是好的：「Man are born free」即謂人生而自由、生而性善的。這是一種浪漫主義的人性觀。孟子也是浪漫主義者。他們思想中的基本假定就是「性善」。因爲「性善」，故人人皆善，故人人皆可自主、皆有自治能力，因此用不着外力去管制，才提倡「天賦人權」。如果認爲人性皆惡，如何能承認人的自然人權呢？例如英國的霍布士主張，人之生性本惡，故他提倡專制。凡是主張性惡的人都主張提高政府的權力，都偏向於專制。凡是主張性善的思想家，都偏向於自由，不要受管制。

問：性善思想是否有流於爲專制舖路的可能？因爲性善論者認爲人性本善，所以人是可以完美無缺的，而一個完美無缺的社會也可能經由人力而建構起來。而在這種建構完美社會的過程中，無論什麽手段和方法，包括專制政體都有可能使用。

答：有些主張完美社會的可能性的人並不主張人生下來就是性善，他們主張：只有將社會制度改變以後，人才會變善。這是很重要的關鍵。在壞的制度下人性就不會善，所以要不斷除去壞制度，人性才會變善。所以這不是性善論，而是因社會制度而使人有善惡。主張性惡者亦有承認性善的可能，如中國的荀子，主張人性本惡，但經過教育後亦會化而爲善。所以最重要的區別是先天性善或後天性善。孔孟是屬於前者。換句話說，將性善論推到極端便是無政府主義，不是專制主義。中國道家思想就很接近這種將性善推到極端的無政府主義。

問：為什麼在西方文化中對有權力的人基本上帶有不信任的看法，而在中國歷史上人民對有權力的人好像有絕對敬畏和相信？

答：這不盡然。中國人對暴君口誅筆伐不遺餘力，中國人並不盲目的認為掌有權力者皆是好的。中國人之所以對專制政體不太容易反抗，主要是因中國人不是偏向行動的民族。人民有時候對暴君不滿，但空有滿腹牢騷，較少採取行動，頂多只在文字上發洩而已。故責備帝王、官員無道的文章比比皆是。只要我們多看看私家詩詞、文集，這類表達個人思想的文章和官方文章是不一樣的。中國人雖受二千年專制思想統治，但中國人却很少在理論上擁護專制。

問：不過，「人的完美性」（Perfectibility of man）這種信念是不是蘊涵着專制政體最大的思想上合理化的理由。中國所謂：「明王出世」的觀念就是一個例子。

答：中國固然有所謂「明王出世」的觀念，但是同時一般人也知道：「明王不世出」。每一朝代除了開國君王較賢能外，其他君主大多不好，所以朝代要改，天命要易。中國儒家也好，其他百家也好，都承認沒有永久不易的王朝。大家都相信有興就有亡，興亡之陵替為歷史上不變的鐵律。政體的興亡替代並不在於人的完美性，這二者之間並沒有關係。中國的興亡思想可說是從歷史經驗中得來的，並不是先有哲學上的根據。從這個觀點來看，和人性是否完美的觀念並無關係。

問：儒學傳統裏有二個大方向：一是求道德；一是求知識。就某一意義來講，程朱、陸王之爭也可說是一種德性爲先或知識爲先的爭論。這種二分的說法當然有待修正（因中國所講的知識多爲道德知識），但可作爲我們討論的基礎。就中國現代化的需要來講，假定儒家在未來的中國繼續存在，那儒家傳統那一個面應受到特別發揚？

答：我們先談儒家傳統：不論陸王或程朱，其基本假定是在「道德」。從儒家立場來看，一個人沒道德就失去人格，要做爲一個眞正的人就必需有道德。要如何有道德呢？必先知什麼是道德。所以知識是達到道德的一個門徑，所以這樣講起來道德是目的，知識是手段。無論先秦、宋、明、清儒大致都是這個看法。中國傳統不是一個求知的文化，中國人講知識是在求善。西洋人則講眞、善、美。中國人則以善爲首，眞爲次、美則沒有。古希臘雅典有一學派特別注意「知」。有人說這可能是西洋科學的根源。亞里士多德學派其實也重道德，不過它有一種傾向特別注意「知」，爲知識而知識，因此亞氏有許多關於技術方面的著作，被視爲科學之父。這種精神在中國至少在民國以前是沒有的。所以中國科學不發達，雖然李約瑟(Joseph Needham) 曾說中國有許多發明，不過中國有的却只是應用技術方面的貢獻，至於純理論科學貢獻就比較少了。

中國有公孫龍、惠施、甚至墨子等都較重「知」，但同樣都沒有發達。所以中國文化傳統可說是以道德爲主，「知」只不過是手段而已。宋朝朱子有時好像很近於一個科學家的態度。

抗戰時我同熊十力先生同住一屋，經常談論問題。熊十力先生看不起西洋學問。有一天我和他論朱熹「格物致知」的思想。我認爲朱子「卽物窮理」的理論和西洋很接近。熊先生亦贊同這種看法。

問：朱子自己解釋「格物致知」的「物」的涵義是「猶事也」。是否朱子所關心的仍是人事的問題而不是自然界的問題？

答：其實這也就是一種「科學」的態度。事理及物理都是朱子卽物窮理的對象。朱子是走科學路而沒走通的。

問：最近有許多學界前輩都很强調道德在未來中國的重要性。請問您的看法如何？如果未來中國要求現代化，應如何對待這個問題？

答：道德雖然在某種社會情形下有其特別的格局，例如在專制帝王下的格局和在民主國家之格局不一樣。但我覺得孔子和儒家所提倡的學說中有一個「敬」字很値得我們注意。「敬」字是什麼？它最好的詮釋是「sincerity」。就是規規矩矩做事，將一件事當一件事，將一個人當一個人，說一句話算一句話，不說謊。當一個正正經經、直直爽爽的人。目前的中國、甚至美國所欠缺的正是這種做人的態度。有了「敬」的態度就可以做事，做事就肯負責，這種人雖可能成功，也可能失敗，但他夠資格當一個眞實的人。凡人如心懷「敬」字，則視工作爲快樂，工作成功更快樂，工作失敗亦不難過。因爲自己盡了心力去做，不成功也問心無愧了，這是儒家道德行爲的一個重要原則。但是大多數人都忽略了這一點，只重外表行爲。孔子「入宮門，鞠躬如也」爲什麼？就是一個「敬」字。所謂「敬事而信，節用而愛人」也就是要政府的行政人員都要敬事而行，做事規矩。所以我們只要眞正瞭解儒家就可以發現儒家思想在現代政治中並不一定不能用。尤其孔子的《論語》談人生修養比《孟子》更有幫助。孔子說話信實而重內在修養，不似孟子太重政治，辯論太多。因道德是一種內在的東西，重要的並不是相信不相信的問題，而是慢慢地在習慣上、教育上不知不覺的薰陶的問題。如果硬要求一個人去做反而不可能，正如一個人不斷自問：「我快樂嗎？」一樣地追問自己是否道德，則反而愈不知自己是否快樂，是否道德了。所以道德這種問題不可以言傳。同樣地，宗敎也不只是嘴巴上說說而已，有時牧師們講太多了，對宗敎反而只有壞處沒有好處。在十六、七世紀的時候，天主敎人士到中國來傳敎，他們那種不畏困難的精神、學中文、講中文、不斷與中國人接近，這種精神也就是儒家所謂的「敬事而信」的態度了。

（本文原刊於：《幼獅月刊》，第五十五卷第一期，一九八二年一月一日）

六、歷史教育與歷史意識的培育

一

在整個國民教育體系中，歷史教育居於一個特殊重要的地位。歷史教育之所以特別重要，乃在於它能發揮兩項作用。第一，歷史教育爲接受教育者拓展了時間的深度感，使他們深深知道他們不是宇宙間孤伶伶的存在體，他們繼承他們祖先篳路藍縷創造文明的遺業，也對後世萬代子孫負責任。透過歷史知識的薰陶，他們知道「過去」「現在」與「未來」是貫通爲一，不可切割的。這種認識使他們具有了縱面的時間感。第二，歷史教育也開啓了受教育者的社會感，使他們理解他們與社會上的其他成員都是繼承相同的歷史文化遺產，也具有相同的歷史責任。由於這種覺醒，受教育者很容易體認「血濃於水」的歷史文化感情，而其民胞物與的襟懷也自然而然地產生。從這一點來說，歷史教育很有效地啓發了受教育者那種橫面的社會感。這裏所說的「時間感」與「社會感」正是現代社會中一個人在扮演「專業人員」的角色之外，起而發揮「知識份子」的作用的重要基礎。歷史教育正是因爲它所發揮的「通人我」、「貫古今」的功能而使它在國民教育體系中成爲中流砥柱，培育受教育者「知人、曉事、識時」（見：錢穆，「論中國歷史教學問題」，《民主評論》，八卷八期，民國六十四年，頁二——三）的人格修養。

但是，當前國內中學歷史教育是否能完成以上所說的這些任務呢？可能大部份史學教育同仁對這個問題的答案都是否定的。造成這種現象的因素當然不止一端，有其外在結構上的原因，也有其內在教學方法上的理由。所謂外在結構上的原因是指在升學主義瀰漫的時代背景之下，聯考支配教學這個狀況而言。在這種狀況下，各種學科的教學（包括歷史教育）都失去自主性，而淪落爲升學的工具。歷史教育變成爲通過聯考的一種手段，它自己的教育目的已完全被遺忘了。所謂歷史教學上的內在因素是指教學方法的問題。本文在此只就當前歷史教育的內在問題試作討論，以便引起有心人士的共同關懷與討論興趣。

我們可以說，今日中學的歷史教育是一種缺乏歷史意識的教育，是北宋大儒程明道（一〇三三——一〇八五）所說的「玩物喪志」的教育（見：《近思錄》，卷二）。一個中學畢業生接受了三年或六年的歷史教育除了背誦人名、地名、條約內容等零碎的事項之外，對於中國史或外國史缺乏通貫性的觀念。因此，對於國家民族乃至人類社會就缺乏植根於「時間感」與「社會感」的理解。換句話說，當前的中學歷史教育未能培育中學生的歷史意識，使他們產生「民胞物與」「繼往開來」的情操。

二

那麼，什麼是「歷史意識」呢？從歷史上來看，中華民族是非常具有「歷史意識」的民族。我們可以從歷史上中國人對歷史的看法說起。傳統中國深刻的「歷史意識」表現而爲兩個基本型態，它們均與儒家的思想傳統有深刻的關係。第一種型態是：把歷史作爲彰顯人生眞理或道德教訓的鏡鑑。因此，歷史事實也就是表現抽象的道德眞理的具體事例。在這一種型態的「歷史意識」支配之下，史學研究基本上是一種垂「變」以顯「常」的學問，史學家企圖從透過對「變遷」的分析來掌握「永恆」。也在同樣的立場之上，許多中國史學家認爲非體「常」不足以盡「變」，只有對「永恆」的人生常道有所體認才能對歷史的「變遷」有眞切的理解。由於這種「歷史意識」的影響，所以中國史學傳統表現而爲「事實判斷」與「價值判斷」的會通。這種會通早形成於先秦時代。班固在《漢書》卷三十「藝文志」對中國最早的兩部歷史方面的經典曾有這種的說法：「書以廣聽，知之事也；春秋以斷事，信之符也」。但在這種歷史意識之下，尚書所代表的知識範疇與春秋所代表的道德範疇並不是截然斷而爲二。相反的，兩者是通貫爲一的。春秋這部經典對傳統中國史學具有深刻的影響。太史公曾經說，孔子作春秋的基本精神正是在於「是非二百四十二年之中，以爲天下儀表。貶天子，退諸侯，討大夫，以達王事而已矣」（《史記》，卷百三十）。太史公寫伯夷叔齊的史實，是爲探索「天道無親，常與善人」這一條道德眞理的可信度。自太史公以降，許多傳統中國史學家都深具這種歷史意識。所以，當漢初的賈誼在「過秦論」中檢討秦帝國興亡的原因的時候，就把秦帝國之土崩瓦解歸結到「仁義不施而攻守之勢異也」這一條永恆性的歷史敎訓之上。傳統中國史學中《左傳》的「君子曰」、《史記》的「太史公曰」、《資治通鑑》的「臣光曰」、班固的論贊、王船山的《讀通鑑論》……等一系列的史著中的論贊都在不同程度上呈現這種以史事爲史理的具體呈現的歷史意識。所以，在中國的學術傳統中，史學與經學結合爲一。古人說：「先讀經，後讀史，則論事不謬於聖人；既讀史，復讀經，則觀書不徒爲章句。」正是這個意思。如果冒著概括論斷的危險，我們不妨說這一種型態的歷史意識是一種「橫面的歷史意識」。

第二種型態的歷史意識則是指：人透過對歷史的學習而自覺到他是站在歷史的洪流裏，意識到「過去」、「現在」與「未來」綜合爲一，體認到時間之流乃是一個生生不已的延續體，三者間是「抽刀斷水水更流」的關係。把這種歷史意識說明得最爲貼切的是朱子（一一三〇——一二〇〇）。朱子註《論語》『子在川上』章嘗云：「天地之化，往者過，來者續，無一息之停，乃道體之本然也。」（《四書集註》，卷五，子罕第九）我們如果把「道體」二字易爲「歷史」，則完全可以說明我們在此所要說明的意思。其實，這種歷史意識在先秦孔門就很發達。《論語》『爲政』篇記載子張問孔子：「十世可知也？」，孔子的回答是：『殷因於夏禮，所損益，可知也；周因於殷禮，所損益，可知也。其或繼周者，雖百世，可知也。』因爲歷史是從古到今，綿延不斷的延續體，因此孔子才會說此後十代的禮儀制度，乃是可以預先知道的。這種「歷史意識」是傳統中國史學思想中一股重要的伏流，它到十八世紀章學誠（實齋，一七三八——一八〇一）「六經皆史」說提出而成爲重要的史學思想。實齋特別强調歷史是變動的，六經只是古史，不是永恆不變的眞理。這種說法大大的强化了這種型態的歷史意識，而爲近代中國史學的發展開啓了重要的活水源頭。因爲中國學問傳統的大經大脈在經學，在許多狀況下，史學不過是經學之羽翼，雖然從晉代荀勗以甲、乙、丙、丁區分經、史、子、集，把史部自春秋略中（班固《漢書》『藝文志』把史部附在六藝略之春秋家之後），獨立而爲一部，此下更演變而爲《隋書》『經籍志』「史部」。但這是就其目錄學上的外部型態而言，實際上從治學的目的言，在十八世紀以前，史學仍爲經學之附庸。章實齋以後這種以歷史事實爲變遷之流的一個環節，這種歷史意識的加强，逐漸使近代中國史學與傳統經學分離。這種分離有利有弊，我們無法在此細加分疏。

綜合上面的討論，我們可以說，相對於「橫面的歷史意識」而言，我們可以把這種歷史意識稱爲「縱面的歷史意識」。這兩種型態的歷史意識皆並存於傳統中國人的歷史觀中，它們分別與歐洲啓蒙時代的歷史觀及歷史主義的歷史觀互有不謀而合，精神互通之處。

三

但是值得注意的是，這兩種不同型態的歷史意識在近百年來的中國都有日趨薄弱的傾向。我們甚至可以說，從某一個角度上看近百年來國史的變局和悲劇與國人歷史意識的薄弱化是有相當密切的關係的。因爲歷史意識淡薄，所以許多人無法爲自己在時間之流中定位，也無法在變遷之中找到「安身之命」的立足點，而成爲被「歷史」所放逐的浮萍，東飄西蕩，不定所止。這是我們今天檢討歷史教育時最值得我們嚴肅面對的問題。

那麽，我們應如何透過歷史教學來提昇中學生的歷史意識呢？在討論這個問題之前，先讓我們參考一下美國的經驗。

在美國的國民教育史上，大約從十九世紀起，教科書就開始成爲教育的核心，使所謂「美國制度」與歐陸的教育有了基本的不同。在歷史科的教學上也是如此。三年前，費滋傑羅(Francis FitzGerald) 曾在《紐約客》(*The New Yorker*) 雜誌上撰長文分析美國史中學教科書的變化，指出中學歷史教科書的出版與選擇深受專門研究成果、時代風潮、社會價值標準、甚至各種利益團體的意見的支配（見：Francis FitzGerald, "Onward and Upward with the Arts: Rewriting American History," *The New Yorker*, LV, Feb., 26, 1979, pp. 41-75)，例如美國歷史教科書中對於奴隸立即解放運動史實的解釋就頗有變化，每一時期的解釋與大體傾向，都與該時期的專門研究所顯示者相類似（參考：孫同勛，「美國歷史教育書中的立即解放運動」，食貨月刊復刊第三卷第一期，民國六十二年四月十五日，頁一——十六）。美國史教科書的內容雖與時俱變，但是它的內容大致是與一九一六年全國教育會的社會學科委員會所揭櫫的社會科教學目標——「優秀公民的培養」(the cultivation of good citizenships) 相符合的（參考：Nazel Whitman Hertzberg, "The Teaching of History," 收入：Michael Kammen ed., *The Past Before Us: Contemporary Historical Writing in the United States*, Ithaca and London, Cornell University Press, 1980, pp. 474-504)。從最近一、二十年來美國大學所著重的「世界史」的通識教育，我們更可以看到在他們的歷史教育中，所謂「優秀公民」的涵義的拓廣。

美國的歷史教育有他們特殊的社會背景，與我國未必一致。但大致說來，以歷史教育來提昇受教育者的歷史意識始終是一條中外一體，古今不異的康莊大道。

我們認為，以下兩種教學的方式對於學生的歷史意識的培育當有積極的貢獻。第一，我們在從事中學歷史教育時應多從史事中求史理。誠如勞榦先生在三十多年前分析歷史教科書問題時所說的：「凡一本歷史教科書……大講其歷史哲學……其實對於中學生是不需要」（見：勞榦，「本國史教科書中的若干問題」，《大陸雜誌》，第一卷第七期，民國三十九年十月十五日，頁四）。我們在此所謂的「史理」是指歷史教師在教學時把史實置於歷史脈絡中加以分析，對史實的來龍去脈，因果關係，及其歷史意義求得一個比較妥當的安排與解釋而言。因此，這裏所說的「理」不是「玄理」、「空理」，而是「實理」，是劉勰（彥和，公元四六五——五二二年）在《文心雕龍》『史傳篇』中所謂「析理居正」的「理」。如果我們說，零碎的歷史事實是「跡」，那麽，所謂的「史理」就是「本」，而歷史教育的目的之一正是在於垂「跡」以顯「本」，使學生成爲知書明理，通經達變的優秀公民。

其次，我們在從事中學歷史教育時也應特別注重在歷史的變遷之中「過去」與「現在」的互動。這也就是太史公所謂「通古今之變」的治史鵠的。舉例言之，現行標準本國民中學歷史第一册第八十八頁談到「東晉以後江南的開發」這段史實，如果我們能把這一件史實與中國文化重心之由北往南移動的大趨勢合而並觀，加强說明其歷史意義，並與我們今日的處境放在同一個平面上來討論，則對於我們的歷史意識的拓深是會有幫助的。

以上我們所說的這兩項實際教學上的途徑與前文所說傳統中國的兩種型態的歷史意識是互爲表裏，交光互影的，而不論我們是從史實中求史理，或是在古與今之間搭起會通的橋樑，我們的歷史教學都應以人文精神爲其依歸。

這裏所說的人文精神有進一步加以說明的必要。人類的歷史經驗至爲繁富，而所以締造這些經驗的因素則尤其錯綜複雜，因果相逐。但我們對先民篳路藍縷創造文明的經驗則至少可以透過兩個不同的角度加以反省。第一個角度是從「結構」的立場來反省這些歷史經驗之所以形成的因果關係。舉例言之，古希臘史學大師希羅多德（Herodotus，公元前四八四——四〇〇年）寫《史記》分析公元前第五世紀的波希戰爭（公元前四九〇——四八〇年），認爲波斯帝國與希臘世界之所以爆發這場戰爭就是因爲波斯的東方專制與希臘民主政治這兩種政治生活方式的衝突，這是從政治結構的差異這個立場來看歷史經驗；再如修昔的底斯（Thucydides，約公元前四六〇——四〇〇年）剖析帕羅奔尼撒戰爭（公元前四三一——四〇四年）發生的原因，指出雅典帝國與斯巴達集團在地中海地區經濟利益的衝突是使這場浩刼不可避免的主要因素；再如古希臘史學的殿軍波利比荷斯（Polybius，公元前二〇三——一二〇年）討論羅馬覇權之崛起，歸結到羅馬政治結構之結合民主、共和及寡頭政體之優點於一爐而治之。以上這三位史家看歷史固然有政治生活的方式、經濟利益的衝突或是政治結構的整合等角度的不同，但是他們之側重歷史發展中的結構因素則若合符節。這種透過結構來看歷史經驗的立場到了近幾十年來，由於社會科學的研究方法與觀點對史學研究產生可觀的影響，而更爲彰顯。許多採取社會科學觀點的史學工作者，常自覺或不自覺地從「結構」的立場看歷史，而且常常把人當作是結構制度下的產物。在這種觀點下，人的自主性與創造性常有意無意地被貶低了。

第二個看歷史現象的角度與第一種角度構成鮮明的對比。這種觀點比較重視歷史變遷中人的自主性與主動性，認爲「人」（而不是外在於人的「結構」）才是帶動歷史變動的主要根源性的力量。在這種觀點之下，最受强調的是人的自由意志與獨立判斷，在歷史發展中所發揮的作用。因爲這種觀點肯定人的自由意志，肯定人的行爲乃人類經由自由意志而作的獨立判斷的結果，不是人力所不能左右的「結構」的制約，所以歷史事件的行爲者必須對其行爲的一切後果負最後的責任。在中國史學傳統中這種觀念極爲發達。最具有代表性的例子就是《左傳》宣公二年關於趙盾弒其君的記載。從歷史事實上說，趙盾並沒有弒其君，但是史家却在其歷史記載中說趙盾弒其君。這種歷史敘述與歷史事實有根本的出入，但是孔子却稱許這位史家說：「古之良史也」，這是什麼原因呢？我們看趙盾爲自己辯解說自己事實上並未弒君，但史家說：「子爲重卿，亡不越境，返不討賊，非子而誰？」從這一段對話裏，我們可以很清楚地看出來，在史家的心目中，趙盾雖未弒君，但是趙盾「亡不越境，返不討賊」這種行爲是他自己在自由意志之下經過理智的抉擇後所採取的行動。這種行爲的結果在史家看來實與「弒君」具有同樣的效果。在這種考慮之下，史家才會說趙盾弒其君。

在《左傳》的這個例子中，史家以人的自由意志爲著眼點來解釋歷史的立場是很明確而突顯的。從《左傳》以下，中國的傳統史學家大致都傾向於從「人的內在自主性」，而不是從「外在結構的制約性」這個立場來反省人類的歷史經驗。《史記》中最引人入勝的是「列傳」部份，歷代正史亦莫不如此。傳統史家顯然以人物爲歷史活動的主體，也以人的自由意志的運作爲人間歷史變遷的中心力量。所以他們探索人類歷史經驗固然是爲了研究世運興衰，但他們更深信世運之所以興衰，其根本關鍵仍繫之於人物之賢奸。這就是我們在這裏所要加以强調的人文主義的歷史觀的意義之所在。中國傳統史學因爲重視歷史變遷中人的主觀因素的重要性，所以中國傳統史學的一大特質就是「寓褒貶」。自《春秋》以降，所謂「善善、惡惡、賢賢、賤不肖」一直是中國傳統史家所共同關懷的課題。這種注重人物褒貶的傳統有其利也有其弊，其利在於對人類的自由意志的肯定，其弊則是在中國歷代王朝遞嬗的歷史背景中，史學容易流爲政治之工具，其利弊之細節問題我們無法在此一一細論。

以上冗長的說明是爲了指出，我們今日從事歷史教育的目的乃在於喚醒受教育者的歷史意識的覺醒，而這種覺醒如果不以人文精神爲依歸則歷史教育的目的仍無法落實。尤其在工業化步驟日進一日，人在工業社會之中愈來愈爲大組織所制約的社會背景中，如何以人文精神來提昇歷史教育的境界，實爲一項重大的課題。

四

總結以上對於當前中學歷史教育及歷史意識培育問題的討論，我們誠懇地呼籲國內史學界及教育界共同努力創辦一份《歷史教育》的專業雜誌。

正如前文所指出的，歷史教育在整個國民教育體系中居於樞紐的地位。然而我們至今仍沒有一份以探討歷史教育相關問題爲職責的專門雜誌。環顧國外學界對歷史教育莫不付予極大重視，例如美國在一九〇九年創辦《歷史教師雜誌》（*History Teacher's Magazine*）；一九六八年起又有《歷史教師》（*History Teacher*）雜誌之創刊；一九七六年起又有《歷史教學》（*Teaching History*）雜誌之問世。日本學界早有《歷史教育》雜誌的刊印，《歷史學研究》雜誌也常有以歷史教育爲中心主題的專號刊印。我國現有的《中學教育》以及《教學與研究》兩份雜誌雖然有時也探討歷史教育問題，但畢竟不是研究歷史教育的專業性雜誌，效果未能長期而持續地發揮。爲了縮短歷史學專業研究與各級學校歷史教育之間的差距，爲了替當前及未來的歷史教育奠定理論的基礎，更爲了溝通全國各級學校歷史教師的教學經驗及問題，《歷史教育》雜誌的創辦是一項值得努力以赴的工作。（一九八二、八、廿四）

七、史學、社會學與社會科學研究的中國化*

楊懋春 黃俊傑

※本文是臺大農推系楊懋春教授與本書作者應《思與言》雜誌社之約，就「歷史學與社會學之間」及「社會科學研究的中國化」為題所作兩次筆談的內容。原稿曾刊於《思與言》第二十卷第一期（民國七十年五月十五日）及第二十卷第二期（民國七十一年七月十五日）。筆者自大學時代起在社會學的摸索道路上深受楊老師啓發，收錄這一篇問學筆記於本書之中，希能略誌感念師恩之微意於萬一。

黃：楊教授雖以社會學名家，但對歷史學也有濃厚興趣。民國六十三年十二月，您出版《史學新論》（臺北：華欣文化事業中心，民國六十三年）一書，蒐集您過去所發表的十篇論述史學的文字。在該書序文中，您說明了一個治社會學者對歷史學的熱愛。您努力於使歷史學與社會學

「認親戚」，携手合作。希望社會學者以社會學解釋歷史，歷史學者拿歷史以例證重要社會原理與事象。這項看法很具慧識。第二次世界大戰以後，史學與社會科學的結合已成爲一個重要的研究趨勢，而社會學與歷史學的結合尤其是重要的一環。誠如英國史學家厄爾頓(G. R. Elton)所云，社會學敎導史學家對舊史料及舊史實提出新問題（見：G. R. Elton, *The Practice of History*, London: Methuen, 1967, p. 24.），近三十年來社會學對歐美史學界造成重大之衝擊，其餘波流風所及，中國史學家深深感受到社會科學對史學之挑戰。舉例言之，史學界前輩張蔭麟（一九〇五——一九四二、十、廿四）卽嘗與友人論志趣云：「國史爲弟志業，年來治哲學治社會學，無非爲此種工作之預備。從哲學冀得超放之博觀與方法之自覺，從社會學冀明人事之理法」（張氏致張其昀函。見：張其昀，「張蔭麟先生的史學」，收入：《張蔭麟文集》，臺北：中華叢書委員會，民國四十五年，頁一）。張氏冀求會通史學與社會學之心願躍然紙上。牟潤孫先生也說：「我國今後史學發展，必當以社會科學爲基礎，始克躋諸世界之林」（牟潤孫，「記所見之二十五年來史學著作」，收入：杜維運、黃進興編，《中國史學史論文選集》，臺北：華世出版社，民國六十五年，頁一一四九）。他的話很能反映我國史學界所受到的社會科學的壓力。這種壓力感與時俱增，無日或已，中央研究院張玉法敎授近日嘗著文爲「史學將沒有生存的餘地」之現象而憂心忡忡云（見：張玉法，《史學革命論》，收入：氏著，《歷史學的新領域》臺北：聯經出版事業公司，民國六十八年，頁一五五。）：

各類科學都在無限擴張其範圍，尤其是社會科學的擴張，對史學的威脅極大，史學家如不振作，史學將有被瓜分的可能，有價值的史學著作將為政治學家、經濟學家、社會學家、人類學家、甚至統計學家、心理學家所寫的歷史，史學家將只是「東抄西湊」的人，而史學也就變成了雜燴！

您對社會學用力極深，請問您以一位社會學家的立場對於上述史學家的憂心之言有何看法與批評？

楊：張蔭麟說「從社會學冀明人事之理法。」此言甚正確，也是一位懂社會學的人所能說者。人事就是社會事。理法就是原理原則，也就是公律。人事之理法就是社會公律(*social law*)，這正是社會學所要發現，所要研究者。研究歷史的人如有屬於人事理法或社會原理原則的知識，一定會把諸多歷史事件作合理合情而又正確的解釋，使讀歷史者受到瞭解歷史事件含義的益處。如寫歷史者與教歷史者只陳列或舉述一些死事實，不能說出其意義，則寧可不讀歷史，不聽歷史課。但寫歷史或教歷史之人不能以自己個人臆測之意，或古人經典，以解釋歷史。正是因爲這個重要理由，今日的歷史著作者與教育工作者應該讀社會學，或與社會學者合作，使能正確的、深入的解釋歷史事件的涵義及其來龍去脈或因果關係。牟潤孫先生說「我國今後史學發展，必當以社會科學爲基礎，始克躋諸世界之林。」此言大體上亦是。即歷史中應當有政治學的詮釋、經濟學的詮釋、法學的詮釋、社會學的詮釋等。記述一個政府或政體的演變——歷史，不能只寫演變的事實，也務必寫演變的前因後果，其內蘊的意義。這就非運用政治學的意義不可。例如中國自清末到民國十七年，國民革命完成之前，政府或政體的反覆變化，始終擾攘不定。寫中國現代史者必須說出個道理來。要說出個道理來，非有政治學知識，用政治學詞彙解說不可。又如自民國開始到民國二十餘年間，我們與日本的關係中屢有抵制日貨的舉動。這是一項重要歷史事件。今日的學生讀到這類史實時，每不能領會其意義與作用。寫民國早期歷史者應該有詮釋。但如不通曉國際貿易經濟知識，恐怕不能深得其義，作正確的解釋。但歷史有歷史的立場，有它獨立的範圍，不需以政治學、經濟學，或任何社會科學爲基礎。如果所寫的是專業史，如經濟史，那就必須以經濟事務與經濟學爲基礎。寫藝術史者必須以藝術事物與藝術爲基礎。但卽使是經濟史，它仍是歷史，不是經濟學。藝術史也是歷史，不是專論藝術本身的學問。有人寫藝術史却大寫藝術或藝術事物的本身，而忘記寫其經過及其演變。

「始克躋諸世界之林」一語的涵義可能是指現在世界各國的歷史學者而言，他們寫歷史都重視歷史事件的意義及其前因後果。爲說明其意義與前因後果，他們都知道運用社會科學的原理原則與知識。這是個世界潮流。我們的歷史學者如想置身於此潮流中，也必須多讀社會科學，學會運用社會科學知識以詮釋歷史事件。我要特別强調這句話，卽運用社會科學知識詮釋歷史事件，不是要用社會科學代替歷史。

張玉法教授近日嘗著文爲『史學將沒有生存的餘地』之現象而憂心忡忡，我覺着是莫須有的憂心忡忡。如果政治學者都寫政治史，經濟學者都寫經濟史，社會學者都寫社會史，那是他們自不量力，不懂學術界的規矩。歷史，不論是一般歷史或專業歷史，都是歷史範圍內的事。在政治史研究中所注意者或其主幹是這宗事上的歷史，不是政治的本身。在經濟史研究中所注意者或其主幹，是這宗事上的歷史，不是經濟的本身。用一個更顯明的例子，陶瓷學與陶瓷史有大區別。前者是論陶瓷的本身：其製法、質料、形狀、美術欣賞與價值等。陶瓷史則是論陶器的起源、發展、演變等。也討論演變的因素與結果等。由此觀之，歷史照舊保持其領域。如治陶瓷學者要妄談陶瓷的歷史，歷史學者應理直氣壯的大張撻伐，怎麼可以憂心忡忡呢？

黃：楊教授的話對史學工作者而言實在具有莫大的鼓舞作用。您以上所說的話涉及歷史學與社會學之間的異同問題。近代中國史學界對歷史學與社會學關係之反省當自梁啓超（一八七六——一九二九）開始。清光緒二十八年（一九〇二年），任公發表「新史學」乙文，此文極可反映二十世紀初年中國新史學啓蒙時期中國人不滿傳統史學的一般情緒。此年亦爲任公流亡日本之第三年，開始公開放棄前此所持立孔教爲國教之主張，並力倡新民之說，主張重公德而求羣體之利益。在此種思想背景之下，任公同顧傳統中國史學，激憤不滿之情乃流露於筆端。任公一面欣羨於「今日歐洲民族主義所以發達，列國文明所以日進，史學之功居其半焉」（見：梁啓超，「新史學」，收入：杜維運、黃俊傑編，《史學方法論文選集》，臺北華世出版社，民國六十九年十月增訂再版，頁三三〇），一面則指出傳統中國史學知識未能普及於國民之四大病源：一曰知有朝廷而不知有國家；二曰知個人而不知有羣體；三曰知有陳迹而不知有今務；四曰知有事實而不知有理想。繼又指出中國史學緣此四蔽後生二病：一曰能鋪敍而不能別裁；二曰能因襲而不能創作（《同上書》，頁三五——三八）。職是，任公乃一如其欲一新國民之德行而提出新民說，在此提出「新史學」之主張，並以「新史氏」自命。任公爲新史學所下之定義有三：㈠歷史者敍述進化之現象也；㈡歷史者敍述人羣進化之現象也；㈢歷史者敍述人羣之進化之現象而求得其公理公例者也（《同上書》，頁三九——四三）。任公又爲新史學下一總定義云：「歷史者何？敍人種之發達與其競爭而已，舍人種則無歷史。」（《同上書》，頁四四）。任公對歷史所下的定義沾有極其濃厚的達爾文（C. R. Darwin. 1809-1882）進化論色彩，這種歷史進化論乃西方近代史學之首先輸入中國者，任公生逢其會，所以其言論乃不知不覺受進化論之影響。任公所倡「新史學」之言論中，實已蘊涵有社會學之眼光，頗能開風氣之先。

任公之後，介紹社會學入中國史學界者當推何炳松。在何氏之前，劉師培（申叔，一八八四、五、二——一九一九、十一、廿）嘗撰文論小學與社會學之關係（見：劉師培，「左盦外集」收入：《劉申叔先生遺書》，臺北：京華書局影印本，頁一六七〇——一六八〇），然影響似不深遠。

就學術立場言，何氏是近代中國史學界中輸入西洋治史方法之一重要人物。彼於民國九年在北京大學史學系講授「歷史研究法」一課，此或爲國內大學設置此一課程之爲時最早者。何氏嘗於民國十年譯美國史家魯賓孫（J. H. Robinson, 1863-1936）之《新史學》（*The New History*）一書爲中文，此爲我國史學界所譯有關西洋史學理論及方法論之第一部著作。歷史意義至爲重大。中國史學界之注重史學與社會科學關係受此書影響甚大。何氏雖倡魯賓孫之「新史學」，然其在社會學與史學之關係一節多側重其相異面。何先生說：（見：何炳松，「歷史研究法」，收入：杜維運、黃俊傑編，《史學方法論文選集》，頁七三——七四。）：

> 至於史學與社會學，雖同以已往之人羣事跡，為研究之根據；然目的、方法，既各不相同，研究結果，亦復迥然有別。史家抉擇事實，旨在求異；所取方法，重在溯源。其結果非人類共同演化之原理，乃人類複雜演化之渾淪。至於社會學所致意者乃已往人羣事跡之相同，參互推求，藉以發見駕馭人羣活動之通則。選擇事實，務求其同，不求其異。所得結果，非人類演化之渾淪，乃人羣活動之定律。故社會為研究社會之自然科學，其所取方法，與史學異，而與自然科學同。總之，史學所重者在質，社會學所重者在量。史學所求者為往跡之異，社會學所求者為往跡之同。兩者功用，足以相資，而流別分明，不能相混。此學者所宜明辨者也。

何氏這一段言論頗能代表民國以來我國史學界一部分人士對史學與社會學關係之看法。

請問您：歷史學與社會學兩者間主要的異同何在？

楊：梁啓超的新史學觀以進化爲要點，不只受影響於達爾文的進化論，恐更受影響於十八、十九世紀英國史學家的進步觀念。十八世紀中葉的歷史家吉朋（Edward Gibbon, 1737–1794）在其大著《羅馬帝國之衰亡》（*The Decline and Fall of the Roman Empire*）中說，他得到一個很滿意的結論，卽世界的每一個時代都給下一個時代增加了人類眞正的財富與幸福。在品德上也可能有所增加；並且增加是繼續不斷的。當英國的繁榮、權力、自信達到最高峯時，對「進步」的崇拜也達到了沸點。作家和歷史學家是崇拜「進步」者中最熱心的人士。到十九世紀的末葉，這種「進步」信念仍不衰微。一八九六年，艾克登（Lord Acton, 1834-1902）在劍橋大學講現代史時，曾稱歷史是「論進步的科學」。在《劍橋大學現代史》（*The Cambridge Modern History*）第一册的序言中又說：「我們必須有一個如同科學的假設——歷史必須依照此假設而寫，就是人事是有進步的。」當一九一○年，《劍橋大學現代史》出至最後一册時，另一位歷史學教授也在其中說，將來的時代將見到人類能力的無限發展，能控制自然的一切資源，並聰明的利用資源以增進人類幸福。梁啓超當時也很可能受了這些史學家的影響，而有其以進步爲主的新歷史觀。梁氏的新史學觀及其新史學觀中的社會學含義見於其晚年著《中國歷史研究法》中者最多，也最深厚。

我在大學時讀過何炳松的《中國通史》。歷史教授以之爲重要參考書。在當時確與別人所寫歷史書不同，頗有新觀念。但他所講歷史學與社會學二者間的差異，則不能使人折服。首先，沒有必要論二者之不同。歷史學是歷史學，社會學是社會學，當然不同。如相同，豈不成了一種學問。至於說「歷史學旨在求異；所取方法，重在溯源。其結果非人類共同演化之原理，乃人類複襍演化之渾淪。」義甚難懂。文化人類學者告訴我們，文化之產生乃由於兩個基本條件：一是人的智力，另一項則是自然環境。人的智力使人能創造或發明文化。自然環境影響人，使人創造或發明甚麽樣的文化。人類的智力在先天上是相同的，後天的發展可以有程度上的差異。大概言之，處在相同自然環境中的人可以創造並發展相同或相似的文化。自然環境不同者，其文化會隨之而有差異。這是指在原始時代，各地交通極不發達之時的情形。我們相信文化人類學者的話是正確的。因而就相信，世界各地或各民族的文化有相同者，也有不相同者。在同一個民族中，有居住生活在不同地域的羣體。各羣體的文化也會有相同者及相異者。歷史學的責任就是去發現、述說各人羣的各種文化。發現、述說其相異者，也要發現、述說其相同者。如何可以說「旨在求異」？

至於，何先生說社會學所致意者乃已往人羣事跡之相同現象。社會學家選擇事實，務求其同，不求其異。認爲史學所重者在質，社會學所重者在量。史學所求者爲往跡之異，社會學所求者爲往跡之同。這種看法更令人疑問重重。首先，社會學所研究者不是以往人事之跡，而是當代的社會事象。如它也注意以往人事之跡，那是它使用歷史法，要藉追本溯源以詮釋今日某些社會事象的意義。社會學所求者更不限於往跡之同。社會學創始人之一的英儒斯賓賽（Herbert Spencer, 1820-1903）的名言是，一個社會很像一個有機體。社會如有進步，其進步的方向是由類同部門共盡類同功能的情況，發展而爲不同部門各盡不同功能的情況。又說由同一性質變爲差異性質是社會演化的法則。演化是物質的及力的整合。在整合過程中，物質或力會從一種不穩定、不和諧的同一性，進入一種既穩定又和諧的差異性。斯賓賽之後，一切成名的社會學者無不主張，研究人類社會事象，既應注意其雷同性，也要同樣注意其差異性。社會的區分，無論是縱的或橫的都是重要事實與現象，焉能不注意研究？人羣相處，應力謀和諧合作，也是人類的先天與後天願望。故社會學也同樣要研究相同、認同、同化、整合等現象。惟在諸多社會學研究中，其所用方法之第一步是取樣。取樣的重要原理是求同，卽研究者所取之樣本愈多愈善；不論多少個樣本，都必須是相同者，不能讓少微襍異參襍其中。何炳松先生謂社會學旨在求同，可能是指此而言。

把歷史學與社會學扯在一起，其問題不在二者的異同，而在二者有何關係，或應該有何關係。我以爲要討論者有兩點。一點是社會學幫助治歷史者詮釋歷史事件；歷史學幫助研究當代社會事象者獲得事象的背景或其淵源，這一點在前邊幾個問題中已有討論，此處要再加以申述。歷史學者要運用社會科學。今日的歷史家研究歷史或撰寫歷史，應多參考並運用社會科學的知識。中國過去的史學家只能運用文學，卽寫文章的能力，及倫理學、哲學等。近代社會科學的知識則很少，能運用社會科學知識以解釋歷史者則更少，過去的歷史中固然不少有關社會制度、政治規範、法律典章、經濟制度、農事工藝等的記載，但都是事實的記載，很少學理的分析。至於能把這些事實化爲歷史事件的涵義及其因果關係者，更是少見。今日情形則不然。讀歷史系的學生也要讀若干社會科學，特別是社會學、經濟學、人類學、政治學、法律學、文化學等。這個要求的意義就是要研究歷史者運用這些學科方面的知識與理論以解釋歷史事件。這樣的解釋會比較更正確、更充實、更能使過去的事以實際生活的情況及精神重新表演出來。

李恩涵先生在一篇文章中說：「在近代歷史學的研究方面，運用某些社會科學的成就，以協助求取歷史的『眞實』，自然絕非新穎的事，但大量應用近年高度發展中社會科學的理論與成就，以建立歷史事實的架構，或進一步以之塡補史料的『空白』（Gaps），提供史學工作者新穎的課題，推動其『歷史的想像力』（Historical imagination）向前邁進，却是近年歷史學界一種顯著的趨勢。此種趨勢，對於當前中國近代史的研究，實亦有其深刻的影響。當代西方各國研究近代中國的一流學者……就近代中國的政治、經濟、社會、文化等具體問題，作綜括而深入的探究……大量應用近年行爲科學、人類文化學、計量經濟學等的新成就於研究中國近代史。利用其中的一些理論，作各種方式的綜合與分析。」（見李恩涵，「研究中國近代史的趨勢與必要參考書。」《思與言》，第四卷五期，五十六年一月十五日）照這段話的說法，就不只是運用社會科學知識以詮釋歷史事件，簡直是用以寫歷史本身了，或者這就是使張玉法教授「憂心忡忡」的原因吧？

在歷史與社會學的討論中我要提的第二點是歷史的社會化或大衆化。我要說的社會化或大衆化不是要歷史學者都寫社會大衆都能讀、都喜歡讀的通俗歷史，像「細說清朝」那樣。雖然那也是件美事，但我們在此不談。我所要說的是把重要歷史事件的創造或演成歸功於、或歸過於社會大衆，或社會上衆多有關係的人。不要仍像以往那樣只要一人或少數人負責。我們相信任何重要歷史事件決不是一個或少數聖賢或英雄人物所造成，「英雄造時勢耶？時勢造英雄耶？」這兩個問題，只有社會學能作有效的回答。從表面上看，很多重大歷史事件是一位或少數偉大人物的行爲。如作深遠的觀察，就知道都是由多數人或社會所促成或完成者。梁啓超說，歷史上的英雄乃是「歷史的人格」。所謂「歷史的人格」，卽當時此地所演生出的一羣史實，英雄人物實爲主動，他們的面影幾能掩蓋當時的全社會。在文化低的社會中，只少數人有「歷史的人格」，卽只少數人爲英雄。文化進步的社會，有此種人格的人數會增多，因爲形成這種人格的那些要素，會藉着教育的普及與一般文化之提高，浸入於全社會，使多數人或爲積極的同感，或爲消極的仿效。結果，原來少數個人的特性，寖假成爲當時此地民衆的特性，也可稱爲集團特性或時代特性。

梁任公又說，無論何種政治、何種思想，皆建設在當時此地之社會心理的基礎之上。而所謂大人物之言動，必與此社會心理發生因果關係者，始能成為史蹟。大人物之言動，非以其個人的資格而有價值，乃以其為一階層，或一黨派、一民族之一員的資格而有價值耳。（以上梁氏的話均見其所著《中國歷史研究法》第六章）。英國當代史學家卡爾（Edward H. Carr）也說，不論甚麽時候，人是在社會的範圍裏行動，其動作不能不受其社會的影響。一項歷史事件有幾分是屬個人的，有幾分是屬社會的，固然不易確定，但其為個人與社會的交互產物則是無疑的。將個人天才視為歷史的創造力，原是早期歷史學說中一個普遍觀念。在比較單純的社會中，人要把一切公共事業都放在少數「聞人」身上。事業的成功及成功所得的名譽也是這少數人的。但在進步的、極其複襍的社會中，這種觀念就行不通了。十九世紀以來的社會學就是為解釋這複襍社會與複襍人事而產生的。社會學不但用社會的意義解釋現在的人事，也要歷史學者用社會的意義以解釋歷史上的事件。歷史絕大部分是無數人的事。

我更想從衆人參加歷史的創造這個觀念上以闡發歷史的社會化。如將歷史的形成解釋為一個民族或一個社會的團體生活與事業之進行，則凡置身於此生活與事業之進行中者都是在參加歷史的創造。在進行的成果中，亦卽歷史中，每人都有一份。人之置身於團體生活與事業的進行中，有的是主動的，有的是被動的。在被動的情況下，人只是置身其中，不能說是參加。「參加」一詞必須是積極的。「加」是我去加入那個生活或事業過程，「參」是我要和在那個過程中的別人摻合在一起，也和那個過程中的事業整合在一起。換句話說，積極性的參加歷史是人在那個團體生活與事業過程中繼續不斷的扮演與之有關的角色。要扮演角色，必須先有角色。要有角色，必須先有社會身分。人意識到其社會身分，或用力爭取社會身分；有了社會身分之後，就要有與之相合的社會角色。有了社會角色，就盡心盡力去扮演。這些行動都是積極的工夫。人必須在那個團體生活與事業中，不停的做這些積極工夫，才是積極的參加歷史之創造或形成。

試以我們親身經歷的目前事爲例。臺灣自光復三十餘年來，農業獲有極大進步與發展。後代人要將此事看爲中國農業史上一段極光輝的成就。盡人皆知這段成就是我們農業科學家、農業敎育家、農業行政官、農業推廣員及全體農民共同分工合作，努力以赴所得的成果。換言之，這五類人士在這段光榮農業史上都扮演了各自能扮演並應當扮演的角色。他們的角色雖各自不同，而其重要性則沒有差別。

但撰寫此段歷史者，如係一傳統士人，就很可能只寫幾位農業博士與碩士的科學研究成績，幾位高級官員的農業行政成績。也可能很簡略的提到大學農學院的農業敎學和幾位知名敎授。至於在鄉村中敎導農民的農業推廣員和在田園中勤勞耕種飼養的農民，就定會被遺忘。被遺忘的原因有二：一是農業推廣員和農民爲數太大。他們都是平民，不屬士大夫階級。平民的生活與工作不能成爲歷史。二是鄉村與田園中的工作都是勞力工作。勞力工作不足用以寫屬政治、文敎、性理、或精神性的文章。故不能成爲歷史。清代學人章學誠（實齋）著《

文史通義》，把文與史合而爲一。文是文敎或文章。在章氏心目中，文敎是歷史的內容，文章是表達此內容的工具，但也滲透此內容。歷史是記載聖賢偉人的文與敎的文章。這是最典型的傳統歷史觀念。如使具有這種觀念的人寫我們的農業史，他如何肯將農民及實際的田間工作也放進去？這也就是何以在我們的傳統歷史中很少或甚至沒有農業史。因爲除了明代的徐光啓（一五六二——一六三三）外，古代沒有像現代有的農業科學家，或農業上的偉人。如讓一位有新歷史眼光的人寫此歷史，一定是另一種寫法。他一定會把這裏所提的那五類人，即農業科學家、農業敎育家、農業行政官、農業推廣員及農民，及他們各自的工作都以同等的重量放進去。

新式的農業史自然要敍述農業科學家如何研究發現新而更優良的作物品種與家畜家禽品種、新而更有效的耕種與飼養技術、更有效的肥料、農藥、土壤保護、灌溉水利等。這些新發明或發現都是促使農業進步的必須條件。但科學家所研究出來的新事物與新方法，農民很難直接瞭解、接受、採用。他們不容易明白科學家所寫的文章或所講的話。他們對於新事物常持懷疑的態度。對於所習慣的舊事物不容易放棄。這就需要農業推廣員用同情心、耐心、敎育原理及示範方法等去敎他們，培養他們對新事物的信心，更使他們親眼看到新事物及新方法在增加農業生產，提高他們的家庭收入、改善他們的生活上遠勝於他們那些舊的事物與方法。同時，農業推廣員還必須自己先去了解農業科學家所研究出來的東西，把他們所寫出來及所講出來的東西譯為普通文字或語言，即農民所能讀懂、能聽懂的文字與語言。要盡了這些工夫，大多數農民才會把農業科學家所研究出來的東西應用在廣大的農業經營上，使農業有全面的進步。這顯明農業推廣員的重要性。

農業科學家與農業推廣員由何而來？既不是天生者，也不是自學而成者。是由農業教育培養訓練出來者。農業科學家及農業推廣員的重要性既如上述，則培養訓練他們的敎育人員，其重要性還需詳說嗎？再論農民。農民是實際經營農業者。農業的興衰成敗，最後關鍵是操在農民手中。前四類人無論有何能幹，無論作何努力，如絕大多數農民不爭氣，不肯努力經營其農業，他們的一切努力都要在最後歸於無效。反之，如絕大多數農民都願意盡心盡力耕作畜牧，又願意接受農業科學家所發明，農業推廣人員所敎導者，則一國的農業不可能不進步。前些年常有在某國任顧問的美國農業專家與我談論此某國也曾接受美國大量經濟援助與技術援助，想發展其農業。也有上乘的農業科學家及科學研究設備。但其農業至今尚未有普遍顯著進步，其絕大多數農民仍在落後貧苦生活中。中華民國在這方面所得美國援助，在比例上及實在數量上遠較某國所得者少，但其農業能在二十餘年內有普遍卓著進步，其絕大多數農民的生活改善甚多，為各國所稱道或欽羨。何以有此差別？余答曰，原因是中華民國除有農業科學家、農業敎育學家外，更有大量在鄉村中殷勤做指導工作的農業推廣員及絕大多數勤奮努力的農民。因此，我要在此再强調一次，寫我們的現代農業史者，必須不要遺漏了在鄉村中的農業推廣員與農民。

黃：有人認爲歷史學與社會學的重大差異不外以下二節：一是史學研究所注重者在於人類活動之發展順序及其過程，而社會學研究則探討人類活動發展之型態及其轉變。前者重其縱剖面的連續，其關心之焦點在事件之「變」與「常」；後者重橫切面之比較，其關心之焦點在事件之「類」與「型」。二是史學研究冀圖釐清人類行爲之因果關係，故其重點在「過去」，在個案分析；而社會學研究則企圖建立人類行爲之普遍模式，故其重點在「現在」，在通則之建立。前者之特殊關切在特殊性；後者之特殊關切則在普遍性。能否請您就以上的說法作一個深入的討論。

楊：關於歷史學所重者爲何，社會學所重者爲何，在前面我已說了我的一些意見。現在再試作引中一番。先說社會學所重者爲何。我先拿社會學的定義來回答這個問題。我在拙著《社會學》（臺北：臺灣商務印書館）中，曾綜合很多位社會學者的不完整意見，爲社會學下了這樣一個定義：「社會學是使用科學方法，持守科學態度——以研究人類社會：主要論及社會之構成要素、其起源、發展、成熟與變遷；論述諸社會事象如社會制度、社會系統、社會活動、社會關係、社會運作程序、社會團體等；並在諸社會事象中尋求或建立普遍性公律、原則、原理等的科學。」

此一定義含有三個重要部分。第一部分說社會學研究人類社會，此即研究社會的起源、發展、成熟與變遷。第二部分說社會學研究諸社會事象。社會事象中的主要者爲社會制度、社會系統、社會行動、社會關係、社會運作程序、社會團體等。第三部分說社會學作以上各種研究時，不僅要敍述分析事實，更要尋求或建立存在於各社會事象中的普遍性公律、原理及原則，並製成合於邏輯的理論。

社會學中所謂人類社會有兩個涵義，一個涵義是指全人類社會，或人類的整個社會。社會學首先要用歷史資料及文化人類學資料，研究人類的社會是如何起源、如何發展、如何成熟、並如何演變。人類自遠古至今，分成若干個不同種族。每一種族各有其不同文化起源、發展、成熟及變遷情形，則各種族社會的起源、發展、成熟與變遷自必互異。社會學要盡可能臚陳各種族社會的起源、發展、成熟與變遷。然後試從其中尋求各種族均有的普遍現象與普遍過程。第二種涵義是指某地方、某羣人、在某期間所建立的一個特殊社會而言。例如三百年前，有自福建省移來臺灣的某些羣體。他們一旦定居在某個地方，就成立個社會的雛形。以後由此逐漸發展成個具有某些特質的社會。社會學極有興趣研究這樣一個社會的起源、發展、成熟與變遷。

社會制度是一套民俗、民德、信仰、架構，加上一些社會功能所形成的整合體。此整合體亦卽一個社會中人的行爲規範及是非標準。其目的爲給個人行爲上及生活上的推動與指導。社會運用之以扮演其社會化個人、協助個人的角色。社會制度可以分爲兩大類，一大類是有形的、可以指認的，如家庭、學校、行會、政府、教會、市場、貨幣等。另一大類是無形的，是些民俗、民德、社會價值、社會信仰等。同一個社會的人大多都能意識到，共同講說、共同了解、共同尊重。社會學研究社會制度時，不太注意一種制度的本身或其詳細內容。例如社會學並不像教育學研究學校制度的詳細內容。社會學多注意某種社會制度是在何種社會情況下，受那些社會因素的孕育而產生。產生後，由社會得到些什麽滋養而發育並成長。成熟後，個人如何藉之獲得其社會性；社會如何藉之以影響個人。如此，個人與社會均以此制度爲媒介或通道而互相影響，互相完成。年久之後，制度能起變化。社會學要知道有何社會情況及個人因素使某些社會制度發生某些變化。制度變化是否受社會的引導，或是否與社會的旨趣相背馳。這各種研究都需要事實的蒐集與分析。更重要者爲尋求發現一些公律與原理。然後製成合於邏輯的通論。

社會學要研究社會系統。何爲社會系統？一種社會現象，或一件社會事體，其內容多很複襍，包含甚多部分。有很多人參與其中。每人各有其身分與角色，人與人間有相互影響，有各種關係。要很多人員、器物及動作湊合在一起，方能出現一社會現象或社會事體。但所謂湊合在一起，並非只是聚集在一起，紛然襍陳。乃必須有一定安排、一定次序。把各人、各物與各件動作依其性質、情狀及角色，放在前後、左右、上下、內外均合宜的位置上。又使各分子間互有連絡，把各連絡接合在一個總綱上，此總綱成爲整體的中心線索，也是其主要通路。中心線索上的無形力量是權力與服從。權力與服從進入動態時，成爲一種無形的「水流」或「氣流」。此中心線索又成爲此「水流」或「氣流」的通道。各部分間的連絡與中心線索恰好形成一個上尖下寬的網狀。此網狀由運行於中心線索上的權力與服從樹立起來。這就是一個社會系統。這是社會學中的一個研究主題。

再一個社會學研究主題是社會行動（Social action）。自孔德開始，社會學者觀察社會時，都將社會的表現分爲靜態的與動態的兩面。靜態的一面多指社會制度、社會規範、社會秩序等。動態的一面則指社會在行動時的情況。社會在行動時，或從動態中看社會，社會就是一些在無數過程中，連續進行的行動。一個成熟、穩定、有條不紊的社會，應該是一大團有意義與目標，又互相連繫，互相完成的社會行動。總觀之，是一團行動。分析之，則有無數個小行動單位。社會學所要研究者是每件社會行動的起因、經過及目的。也要研究有何因素使行動有力量，持續不斷，達到目標。數種行動之間如何維持協調、和諧、合作，而不發生衝突。社會行動與社會靜態之間的關係如何？是否健全的社會行動可以產生健全的社會制度與社會秩序；轉過來，健全的社會制度與社會秩序能維持協調、和諧、合作的社會行動？社會所做有目標與計畫的行動就是它的運作（Operation）。所謂有計畫就是有規劃出來的路徑、階段、遠近目標及操作人員與操作方法等。有目標與計畫的社會動作一定有其程序。或說運作就是一種程序。程序在動態中就是一種行動沿着規劃好的途徑，遵照預先設立的次序或階段向前進行，要達到預定目標，完成所負使命。有些社會學者專門研究社會程序。

社會事象千頭萬緒，社會行動變化無窮。千頭萬緒是說有千件並萬件事實；變化無窮是說時時出新，刻刻有異。社會學不僅要認識千件或萬件事實，觀察時刻出現的新異，更重要者是知道在千頭萬緒中有否「一線貫穿」，有否一種客觀存在的力量，能使諸事實遲早歸於秩序，得到平衡或和諧。社會行動變化無窮，但是否有發生變化、使變化結成新與異的原則與原理？社會學相信，如能發現貫穿諸事實的那條線索與那種使諸事遲早歸於秩序與平衡的客觀力量，人就能對千頭萬緒的社會事象與時刻變化的社會行動作更合理、更觸及核心的有效了解與說明。如能發現社會事象發展與變化的原理及原則，就能提出維繫社會，阻止其衰微或解體的道理。這是社會學研究中一部困難的工作。多數人能作一些孤立事實的觀察、蒐集、分析與敍述，但不多能尋找諸事實間的貫穿線索、整合力量及社會運作的原理與原則。然而以學術價值論，後者要比前者重要甚多。

如上所述，謂社會學之研究「在探討人類活動發展之型態及其轉變」這種說法除有點過於簡單化之外，並無不合之處。謂「社會學研究則圖建立人類行爲之普遍模式，故其重點在『現在』，在通則之建立」，亦無錯誤。社會學之重點在現在，但並非完全不追溯過去，亦並非不預言將來。

關於歷史學研究的重點及其與社會學的關係，我在前面已說了很多話。那些話都是一個學社會學的人所說者，可能爲專治歷史學者所不同意。在這裏，謂「史學研究所注重者在於人類活動之發展順序及其過程」；史學「重其縱剖面的連續，其關心之焦點在事件之『變』與『常』；『史學研究冀圖釐清人類行爲之因果關係，故其重點在過去，在個案分析；』史學之特殊關切在特殊性。」我雖然不是個治史學者，但確能理解並相信這三句話，或三個論點是正確的。但仍有兩點意見願提出來，以供參考。第一點，研究人類活動之發展順序及其過程；注重事件之變與常；釐清人類行爲之因果關係；以及關切人類行爲之特殊模式等，的確均爲史學中的重點，但此亦均非史學所獨有，社會學中也同樣的有。第二點，余有一疑問，如史學只重或偏重個案分析，在特殊性上特殊關切。不按時將諸多有關個案及有關特殊性作整合研究，求得綜合性理論，連貫性義理，則如何能建立「一家之言」？而建立「一家之言」却是我國第一位大史學家司馬遷治史之鵠的。我們也知道司馬光著《資治通鑑》，其目的是要帝王宰輔讀之有所鑑往以勵本朝或自己。但二十四史中的事例或個案豈止千萬！如一切事例均爲互不相關的個案，讀者又如何取以爲鑑呢？顯然不能有如許多鑑啊。司馬光必須能從諸多個案中擷取其義理，然後將諸多義理排比序列，綜合連貫，使成有數目的若干條或若干套綜合義理。人讀了可以融會貫通，運用在自己的事務與生活上。我想這是治史者對社會應負的責任。

黃：自從十九世紀初年近代社會學成爲一個獨立學科以後，其所關懷之主要重點大致不出以下二項：一是對人類社會作巨視的社會學分析；二是對人類社會及文明作比較研究。由於此種巨視的研究傾向，近代社會學遂以以下三項問題爲主要的研究之焦點：一是關於社會及社會秩序的一般特徵之分析；二是對各種社會及制度型態作比較分析，尤其集中於研究近代社會之特殊性；三是對於人類社會之諸般不同型態從社會力量或機械論之立場給予解釋。針對以上這三大問題，近代社會學家採取若干研究途徑來進行研究並提出解釋。自學術立場，我們可以說其流派大勢之所趨不外以下之二途：一是早期的演化論的研究途徑（Evolutionary Approach）。早期的社會學工作者均企圖透過對人類社會及文化之比較及研究中指出其演化發展上之共同階段。此種研究傾向通貫孔德（August Comte, 1798-1857），斯賓塞（Herbert Spencer, 1820-1903），馬克斯（Karl Marx, 1818-1883）以及稍晚的社會達爾文主義者如白芝浩（Walter Bagehot, 1826-1877）、孫末楠（W. G. Sumner, 1840-1910）以及心理學派演化論者如華德（L. F. Ward, 1841-1913）等均顯然可見而成爲早期社會學理論之重大特徵。此下演化論的研究途徑漸爲學界所不滿，若干學者努力於把演化論的研究途徑與巨視的比較研究方法加以綜合，涂爾幹（Emile Durkheim, 1858-1917）卽爲此一學風轉變時期之代表性人物。

二是出現於二十世紀初年的比較研究途徑（Comparative Approach）。其最具有代表性的人物當推韋伯（Max Weber, 1864-1920）。韋伯爲近代學界之通儒，其學術之領域極爲廣濶，不僅在中西歷史研究均有原創性之貢獻，在社會學領域尤允爲一代之宗師。韋伯採取比較研究之途徑，畢生追索二個大問題：一是近代社會特質何在？換言之，近代社會與前代社會有何差異？二是何以近代社會之特徵諸如資本主義、理性的官僚制度等等僅見於歐洲？近代歐洲社會所見之理性化（Rationalization）、官僚制度化（Bureaucratization）及神話的解消（Demystification）等發展趨勢是否爲人類社會之普遍現象？或僅爲近代社會之特殊面貌？韋伯一生所發表的一系列論著，均在不同程度之內與以上二大學術關懷互有關聯。

第二次世界大戰以後，韋伯所開創的此種比較研究途徑有再興之趨勢，然其所關懷之問題意識略有不同。一般來說，歐洲社會學界較重理論之拓展，美國社會學界則較重所謂「經驗性研究」（Empirical research），然戰後數十年間歐美社會學界似有一共同關懷之新問題，即是：如何使所謂「未開發國家」成爲「已開發國家」？此一研究上的問題意識幾見於所有的社會科學領域，如經濟學界之計量經濟學、政治學界之政治系統論、社會學界之人口學、區位學……等新興研究趨勢均著重於援用新方法及分析工具來探討此一大的時代問題。當代社會學大師埃森西塔（S. N. Eisenstadt）稱此一新的研究趨勢爲「系統研究途徑」（"systemic" approach）而推許帕深思（Talcott Parsons）、阿爾蒙（Cabrial Almond）及伊斯頓（David Eastion）等爲代表人物（參見 Shmuel N. Eisenstadt, "Sociological Theory and an Analysis of the Dynamics of Civilization and

Revolution," *Daedalus*, (Fall, 1977): *Discoveries and Interpretations: Studies in Contemporary Scholarship*, Vol. II, pp. 59-78, 特別是 p. 61）。此種所謂「系統研究途徑」即是把人類的社會或政治活動視爲一個自我完足之「系統」，認爲此一「系統」是一個實體，此一實體與其所自生之環境不同，自有其界限，亦自有其機構以維持其系統之持續性及自主性。這種「系統研究途徑」與關於所謂「第三世界」之研究相結合，爲現在社會學提出了許多嶄新的問題，這些問題尤以「傳統社會」及「近代社會」之異同爲其主要關懷焦點。社會學家對於這類問題的討探，有了豐碩的成果，這就是一九五〇年代及一九六〇年代興起的所謂「發展社會學」。發展社會學的新視野爲史學工作者提供了許多思考歷史問題的新方向，也對史學家提出了許多新的研究課題，對於近代史尤其是中國近代史的刺激尤大，許多以西文撰寫的中國近代史論著均環繞「傳統——現代」這個主題，即爲此種學術刺激最明確之說明。

但是這種發展社會學之研究無論在意識型態上、在經驗上，乃至在方法論上均有值得商榷之處，而尤爲嚴重之限制則集中於以下二端：一是缺乏歷史眼光而且看問題多以歐洲爲中心（Ahistoricity and Europocentricity），無形中遂以歐洲近代發展之經驗作爲人類社會之普遍模式；二是過份機械式地强調「傳統」與「現代」的二分觀念（Tradition-modernity dichotomy），末流所及遂無形中以傳統社會與現代社會爲不相聯屬之敵體（參考：S. N.

Eisenstadt, *op. cit.*, pp. 63-64）。針對上述研究上的盲點，自一九六〇年代中期開始漸有學者起而糾正。如埃森西塔所提出的「後期傳統社會」（Post-traditional society）的觀念以及運用政治系統論（political system）的理論解釋人類歷史上的官僚帝國（S. N. Eisenstadt, *The Political Systems of the Empires: The Rise and Fall of the Historical Bureaucratic Societies*, New York: The Free Press, 1963, 1969），都是有見於這種研究途徑的問題而欲起而矯正之。

依您的見解，近幾十年來社會學缺乏歷史深度的基本原因何在？我們應如何加以補救？

楊：第二次世界大戰期間，全世界，除南北美洲，均陷於戰火中。歐洲、亞洲與太平洋各島嶼上所受破壞最烈、最廣。在北美洲的美國與加拿大，不但未遭戰爭的破壞，且在工業、農業、技術等方面因供給別處戰爭的需要而有高度發展，使美國人經濟情況大增繁榮，社會一片富庶氣象。美國的物理學、化學、生物學、醫學、機械學等方面科學家因得到重用而身分甚高。其社會科學家，特別是經濟學、文化人類學、心理學、社會學、政治學等方面者，也爲官方及半官方負責者所重視。不過這些學者當時的作用或被期望扮演的角色，多不在戰爭期間，而是聯合國勝利在望，預想他們戰後在美國以外能作的事，能有的貢獻。

戰後的美國社會學者當中很多人想到歐洲的戰後重建、亞洲的鄉村救濟與農業復興。因爲大戰期間，英美兩國當局曾再三聲明，戰爭勝利完結後，他們各國在非洲、亞洲與中南美洲的殖民地都要得到獨立、自治與開發。美國的社會學者也熱心參加其他社會科學者，思考研究如何協助各文化落後地區民族眞能獲得獨立與開發。是在這各種背景下，戰後的美國社會學者興起他們的發展社會學（Development Sociology）運動與應用社會學（Applied Sociology）運動。這時候的發展社會學，其主要意義是把社會學應用在非洲、亞洲與中南美洲各地的開發事業上。他們想依據社會學知識與原理建議美國專家在非歐美文化的民族社會中如何協助經濟開發，才不會違背當地社會規範與文化系統而造成不幸事件。應用社會學也是指可以運用在實際事務上，以解決問題，增加開發或建設效率的社會學。不過他們那些以歐洲爲對象的努力，如其說是發展社會學，不如說是復建社會學（Rehabilitation Sociology）更爲恰當。因爲歐洲人所需要者是在被破壞的原建築物上的重建，而不是在原始或落後狀態上的發展。有形的重建，如馬歇爾計畫所作者，在此不談。無形的重建就是社會的重建。主要是民心、士氣、思想型態與社會制度等。這些都可歸在社會學範圍內。

但社會學範圍內的重建是否把歐洲十九世紀社會學重建起來呢？這不可能，因爲歐洲原有的社會學在第一次世界大戰後的三十年內，已被社會主義、馬克思主義或共產主義、納粹主義及法西斯主義所腐蝕破壞了，舊日的若干重要社會學者幾乎都已流亡到歐洲以外之地，特別是美國。一九一〇年代以後的歐洲人很少知社會學爲何物。戰後美國人想爲歐洲人提供重建社會學的路線。但歐洲人對此建議不感覺多大興趣。因爲他們覺着他們的問題是既廣大又嚴重。他們需要有立卽應用價値的東西，不是美國人所講「富家人」的社會學，也不是一些屬小事情或瑣碎問題的社會學。這是我在一次在歐洲擧行的國際鄉村社會學會上聽到歐洲社會學重要人士的演講。因此美國社會學者在戰後的歐洲並不出風頭。

但在非洲、中南美洲及亞洲（除日本）的情形就不同。在這些地方，美國人的發展社會學與應用社會學很受注意。因爲這些地方的人，在戰爭期間及戰後巳經很覺醒，覺醒他們需要各方面的發展，特别是經濟、政治、民族文化等方面的發展。於是有經濟社會學、政治社會學、鄉村社會學、民族社會學等。這些都包括在發展社會學與應用社會學中。又這些地區還大半是在鄉村社會、鄉村經濟與鄉村文化中，故當地人的知識分子多到美國去讀鄉村社會學、農業經濟學、農業推廣學等。美國的社會學者到這些地方來，也不得不多注意其鄉村社會與鄉村文化。例如美國康奈爾大學農學院的鄉村社會學系與農業經濟學系，因爲戰後美國的農業人口與鄉村社會急劇下跌，所以他們的靑年人入讀此兩個學系者也就急劇減少。而亞洲、非洲、中南美洲及太平洋島嶼上的來此留學者則甚多。美國鄉村社會學敎授要作研究，不能在其本國進行，必須到尙在開發中的地域去。

主要爲亞洲、非洲與中南美洲而興起的發展社會學似乎不必要有歷史深度。因爲發起者是美國人，作進一步研究者也是美國人。美國人對這些地區的歷史與文化根本沒有深度了解。而且無論是發展社會學或應用社會學，均着重經濟的或實用的開發。這些都不需要有深度的歷史基礎。惟文化人類學者稍有不同。他們不斷警告在這些地方領導或主持發展的歐美專家要多注意當地的傳統文化或歷史。否則不但會有事倍功半之弊，甚至可以導致嚴重悲劇，這些地方的本地知識分子有普遍的大毛病，卽學術上的崇洋。美國社會學者在中國社會中所作的研究缺少中國歷史的深度，而中國人自己也不去閱讀，運用中國歷史。是一極可嘆之事。

國際社會學會主辦的第九屆社會學世界大會，於一九七八年八月在瑞典擧行。其學術討論的主題是「社會發展的途徑」(Paths of Social Development)。這個題目的涵義與戰後興起的發展社會學不同。它不討論在開發地區中的發展計劃與發展計劃中的各問題。而是研究社會的發展途徑與過程。總題之下有甚多個專門性分題。在此只擧述其接近總題而又重要者如次：「社會發展的學說、模式與理想」(Theories, Models and Ideologies of Social Development)、「社會發展的概念與指標」(Concepts and Indicators of Social Development)、「多種學科在發展觀念上的論辯」(The Concept of Development, A Multi-Disciplinary Debate)、「現代化與國家發展」(Modernization and National Development)……等等。

黃：楊教授剛才提到美國社會學者對中國社會的研究缺乏中國歷史的深度，而中國社會學家也同樣不去運用中國的歷史經驗。這是一個極其重要的問題。

楊教授畢生治學所關懷的學術問題之一就是：社會科學研究的中國化。這一個問題的重要性如果從歷史的角度來觀察，則更能彰顯。

中國知識界之知有社會科學當在十九世紀西學東漸之時，然其知之也漸，非一蹴而躋。據近人研究，十九世紀下半葉，中國知識界共翻譯西洋書籍五六七種，其中百分之四十屬於自然科學領域，屬社會科學者僅佔百分之八。中國知識界眞正開始正視社會科學之重要性當自甲午之戰（一八九五年）以後，甲午之役日本以蕞爾小島一擧擊敗大清帝國，此一刺激使中國知識份子心神之所關注從堅船利礮轉向政法制度，康梁變法於焉出現，而社會法政諸學亦一併而獲國人之注意。一八九八年，嚴復（又陵，一八五三——一九二一）始譯斯賓塞（Herbert Spencer, 1820-1903）之*A Study of Sociology* (1883)爲中文，題爲：《羣學肄言》，越四年，全書竣事，嚴幾道譯此書有其以天演原則證釋社會進化原理之用心，這是中國學界正式譯介西方社會學的開始。但是，自從嚴又陵先生以降，近百年來社會學在中國至今尚未能獨立，尚未有足以稱爲「中國的社會學」之產生。我們大學中的社會學教學與研究，在觀念上及語詞上尚什九不離西洋社會學者的話。我們也相信，多讀西洋書是件美事，是一件做學問的重要事，但必須以追求學問的態度讀。讀後要加以消化，使別人書中的意思成爲我自己學問上的營養，藉以發育成長自己的學問與智慧。待自己寫書或文章時，是以自己的思想、學問及語文寫，不是在複製別人的話。您所努力的「社會科學中國化」這個問題是我們這個時代任何一位學術工作者所當深思的問題。

民國五十九年九月，您出版《鄉村社會學》（台北市：國立編譯館出版，正中書局印行。民國五十九年九月出版，共六四〇面，部定大學用書）這本書。這本精心之作，係十分中國化的創作，非由西洋資料譯述編輯而成者可比擬，可以說是代表了您的理想的初步實踐。請問您在《鄉村社會學》這本書中所强調的對中國鄉村社會的理解是否與您個人生活背景及經歷有關？

楊：我的那本《鄉村社會學》中確實含着大量我的鄉村生活、鄉村工作及鄉村研究經驗與感情，但因爲我在國內與國外讀了不少鄉村社會學與其他社會科學，也在大學中教授這門學科多年，我的科學訓練使我在從事著作時，能把我的經驗與知識科學化、客觀化。我在我的鄉村中常以敏銳深摯的同情，或「心心相印」（Sympathy）的情懷去了解我周圍的人與事物。但在我著書時，一定要把感情放在一邊，不讓它糾纏我，蒙蔽我。試再以我寫 A Chinese Village那本書爲例。我在起稿時，極豐富的，幾乎是無限的山東鄉村知識呈現在回憶中，我可以振筆直書，寫個不停。但我都十分謹愼的加以審察，加以過濾。一定要使其客觀化、科學化，有組織、成系統，然後寫出來。所寫出者仍然很豐富，但都是有條理，有各部分的意義，有整合的，成系統的意義。而所謂意義也必須是合於科學的，不論甚麽文化中人都可以正確了解的意義。我在安靜的、沒有別人干擾的情況下寫稿時，會不知不覺的回到幼年時在村中的生活裏去。憶到快樂事時，不禁發笑；痛苦事時，淚濕稿紙。但會隨時覺醒，不讓感情主宰我的文字。在林登教授爲我作的書評中，很重視這一點。他說那本書的成功就成功在這一點上。

何爲中國化的學術硏究或著作？不是只讀中國人所寫論中國事物的書，也不是只討論中國東西，只以中國事物爲著書資料，更不是排外或「反帝國主義」的淸末民初思想。再從正面說，學術硏究中國化有兩層意義。第一層，如係介紹或引進外國學術或思想，要先將此學術或思想熟讀深究，融會貫通。然後以暢順正確中國語文寫文章或著書，以爲詮釋介紹。如因時間急迫，不能等待有人著書，也可以用翻譯作介紹。但務必以暢順明確的中文作略帶伸縮的翻譯。所謂略帶伸縮，卽爲明晰起見，在不損傷原文的主要意義下，不妨把語句數目、長短及次序作必要的變動。要完全避免那種令人莫知所云的直譯辦法。嚴復將斯賓賽的 *A Study of Sociology* 譯爲《羣學肄言》是個很好的譯書典範。

學術硏究中國化的第二層意義是先在大學中跟名教授習某種學術，學到其成系統的基本概念，也得到其基本的一套理論。想使學生在大學內完成這個目標，作教授者必須在其所教學術上有自己獨立的、明確的、暢通的學識與理論，運用其他學人或外國學人的著作爲參考。不可專以似通不通，語言晦澀的外國學說或書籍爲教材。在大學建立基礎之後，要在更高的進修中、工作中、硏究中、教學中，或自修中儘量增加在這門學科上的學問與智慧。在這各項努力中，如所治者是社會科學或人文學科，務必多學習本國社會及事物中的道理，並要以同情心去學習、了解，獲取經驗。因爲必須有同情心，才能使學習、觀察入裏入微。此時更要多學習治學的方法、吸收外國學問與文化的方法、處理所得知識的方法、使所學成爲「一家之言」的方法。如果能够如此，中國人完成學問就會是中國人的學問，其著作就會是中國的著作。中國人的中國著作中可以含有大量的外國材料或外國學問，但那是引來作參考，作補助，不佔「主人」地位。

黃：北伐成功之後，我國史學界大量援引西人社會科學之理論或「模式」以解釋中國社會史，雖開風氣之先，但流弊所及，則史學及社會科學兩受其害，不僅社會學與史學無法結合，而且中國之面目亦爲之障蔽。熊十力（一八八五——一九六八）先生對當時此種學風曾作過如下之批判：

> 今之治史者，或爲無聊考據，或喜作膚淺理論，或襲取外人社會學說，如奴隸社會、封建社會之類，以敍述吾之歷史，乃至援據所謂唯物史觀。如此等者，皆不曾用心了解自家得失，根本缺乏獨立研究與實事求是之精神（見：熊十力，《讀經示要》，台北：廣文書局，民國五十九年台再版，卷二，頁六七—六八）。

熊先生這一段批評可謂一針見血，切中肯綮，確值我們深思。今日離北伐又已過了半個世紀，我們已更進一步體認史學與社會學在學術研究上之關係一如車之二輪，鳥之兩翼，離之則兩傷，合之則雙美。

請問您：就當前國內人文及社會科學界的實際情況來說，應做何種努力，才能使歷史學及社會學作「有機的」而不是「機械的」結合？

楊：要使歷史學與社會學作「有機的」，而不是「機械的」的結合，首先我們的社會學者必須把自己從崇洋的習慣中解脫出來，不再亦步亦趨的跟着西洋人作鸚鵡式的學語。其次，也要把自己從西洋社會學者的時髦風氣中解脫出來，不要仍像一九三〇年代的「搞」社會科學者一味使用外國人士所宣傳的諸多名詞與觀念。但時至今日，國人仍尚未開始進行這兩項自我解脫。

一旦我國社會學者能完成以上兩種自我解脫，就要進而詳讀中國的歷史。更要對中國歷史事件作正確、獨立、不受西洋社會科學觀念拘束或導向的解釋。因爲中國的歷史與文學哲學常化合在一起，故我們的社會學者也必須多讀，詳細研究我國以往重要學人的思想與學說。能做到這些工夫，就可使國內的社會學與我們的歷史學作有機的連結，亦即充滿學問與智慧的連結。以下試舉一個例證。

論個人與社會的關係是社會學中一個重大題目。我在研究這個題目時，是先從西洋歷史與中國歷史中找各時代的事實及其演變。在西洋歷史中我發現，個人與社會的關係屢有一百八十度的轉變。一個時期，社會高過一切，把個人的地位與價值完全抹煞；另一個時期，則個人主義過於高張，每個人只看到自己的利益與需要，妨害社會的公益，使社會不能進步，甚至使社會因離心力太大而陷於凌亂解體。西洋歷史中有甚多事實證明個人與社會在權與利各方面起衝突。試舉幾個重要證據。中世紀時，在歐洲，天主教會（Catholic Church），也就是當時的社會，勢力非常大。世界一切都歸她掌管。她不但嚴格的主宰着每個人的今世生活，連人的靈魂及來世生活也在她的掌握中。個人的價值與生死全要看教會對他的看法或判斷。她不一定隨意殺害個人的身體生命，但她把人的地位取消，把人的一切權利剝奪，把人的精神與靈魂打入地獄。

到教會對個人的統治達到最高峯，亦即最黑暗的時候，就有個人的反抗勢力興起。爲其首者是馬丁路德（Martin Luther）的改教運動。路德改教運動的主題是要把個人從教會的黑暗統治中解放出來，恢復個人在上帝面前的價值與地位。路德的宗教信仰有數點，其中心則是一切信徒，即個人，都可直接與上帝接近，無須教會或教會代表做居間者。換言之，就是每一個人都是上帝的子或女，在上帝面前有其身分、地位與權利。這是個人與社會關係上一個激烈的改變。其次，從十四世紀開始的歐洲文藝復興運動，到了十六世紀就與路德的改教運動互相輝映，使個人的地位更見提高。文藝復興運動的主要意義是古代希臘文化的重新發現與提倡。同時也是個人思想上的解放。所謂個人思想上的解放，即個人可以作獨立的思想，可以不必一定想前人或權威者所想的。不久由這個趨勢又產生了歐洲的人文主義。在文藝上、思想上、社會立法上、哲學理論上，以及道德標準上，都要以人、個人，爲中心；特別尊重人的價值。

宗教改革與文藝復興使個人與社會的關係起了翻天覆地的改變，由舊的「社會主宰個人」變爲新的「個人爲中心，社會爲個人而存在」。以後由這個新情勢的發展與演變，就產生了西洋的工業革命、亞當斯密的自由經濟論、達爾文的生物進化與物競天擇、盧梭的民約論，爲逃避宗教壓迫而起的美洲移民、美國的哲佛遜式民主主義，以及個人奮鬬與自由企業。最後集此各事之大成者爲十九世紀末的個人主義與資本主義。

個人主義與個人資本主義發展到極端時，就產生了若干社會病態與社會罪惡。第一次世界大戰與英法德意日各國向落後地區的侵略都是個人主義與資本主義演成的惡果。第一次世界大戰後的十餘年內，歐洲陷於極度困惑與窮困中。

在美國，於第一次大戰結束後十餘年，有嚴重的經濟不景氣發生。這也是由於個人資本主義所致成。因爲不景氣的情形太嚴重，就影響到個人與社會生活的各方面。使一九三〇年前後的美國陷於阢隉不安中。很多社會秩序都脫了節。就在這時候，佛蘭克林羅斯福競選總統。他應許人民他能挽回大局，使大家有工作，有飯吃。大家信他的應許，選了他爲總統，他上臺之後，以果決的手腕實行其有名的「新政」(New Deal)。新政的精髓是節制個人資本主義，試行有限制的社會主義。聯邦政府舉辦甚多社會救濟與國營事業。又用政治力量制裁私人的經濟及社會活動，逐漸使個人的生活與國家發生密切關係，個人雖不至完全依賴政府以生活，但在甚多事上要靠國家的干涉或協助而達到目的；或受國家的干涉而不得自由行動。早期哲佛遜的個人民主主義受到很大削弱。自羅斯福的「新政」到杜魯門（President Truman）的「公政」（Fair Deal）二十年內，美國的個人與社會關係是由重個人而輕國家的情形，變爲國家有限制的干涉個人，個人依賴國家的機會日日增多。

在中國，這種變遷的痕跡不甚顯著。歷史上個人與社會（或政府）的關係是不即不離。大體上說，個人很有自由；但個人的權利和地位也未曾被人鄭重的研究過，或承認過。我們沒有「人權宣言」與「大憲章」一類的東西。但我們也沒有像歐洲中世紀的教會權威或極權封建。因此也未惹起甚麼宗教革命或文藝復興等運動。其間自然也有些變動。如一定要說中國過去也有思想革命，或文藝復興，也未嘗不可。晚近的新派歷史學者如錢穆等人已經有這種論述，我們不妨附和贊成。但與歐洲那些翻山倒海的運動比較，我們的僅係湖面上的微波而已。在中國歷史上，除商鞅主政的秦國外，找不出眞正的極權統治王朝。中國有暴君、有苛政、有欺侮老百姓的惡官吏。但這都是暫時的、浮淺的、個例的。對大多數人的人權與人格未曾傷及。倒是家庭中的家長專制有時對子女的個人地位很有威脅。一般說來，大多數人在這個問題上是不識不知的。

到了晚近，中國的情形起了變化。中國自與西洋列强接觸之後，處處失敗，事事顯弱。在迷亂徨急之中，一般人就有了卑怯心。對外卑怯，對內就會强欺弱、衆暴寡、自私自利。强有力者就是法律，弱小無能者受人宰割。國家如此，自必凌亂。人民無生命保障，社會秩序蕩然。這就是自清末到民國二十年前後的中國情形。在這種情形下，個人與社會的關係很難看出來。從個人方面說，個人的權利和自由並未被社會或國家剝奪，但其生命財產則缺乏保障，有隨時被强暴者刼持的危險。自社會方面言之，社會對個人沒有負責任，但也不知如何去控制個人。我們所常誇稱的「五四運動」並未把這個情形改變。中國的社會日趨崩潰，國勢更見險危。

就在這時候，中國國民黨所領導的國民革命卽應運而起。這個革命的近目標是打倒軍閥，消除割據，實現政治的中國統一。其遠目標則是團結國民、穩定社會、經濟建設、改善民生、復興文化、振奮民氣。當時，除軍閥政客、頑固守舊分子及若干無知無識的窮鄉僻壤居民外，全國人民都熱烈擁護，或踴躍參加。對這新興勢力寄以莫大希望。從這時候起，在那些覺悟了的人的心中，個人與社會產生了有意識的關係。卽個人已經了解社會的重要、相信個人的生活要有社會的扶持才能完滿。因此，個人有參加社會、適應社會、使社會健全的義務與需要。換言之，以前像「一盤散沙」的個人，現在有了社會意識。

完結了以上所說的這段研究後，我又用了相當長時間，先考察中國歷代學人在個人與社會關係這個題目上的觀念與議論。以後也再去細讀西洋社會學者的著作，要找出他們的意見。考察與細讀的結果都寫在拙著《現代社會學說》（國立編譯館與黎明文化事業公司，民國七十年八月）的第四第五第六三章內。我想把我這段研究的結論寫在這裏。結論有四點：

第一，中國歷代學人在論個人時，多論個人的自我修養。以爲個人必須把自己以「正心、誠意、修身」等工夫善加修養，期能成個合於仁義禮智信的優良人格。如大多數個人都能修養成優良人格，在社會方面自然會「家齊、國治、天下平」。如個人還必須對社會或爲社會有更多作爲，以這樣的人格，自然能對社會盡忠誠而明智的責任，或爲社會做最合道義，最有益的事。社會因而健全穩固。

西洋社會學者的意見與此不同。他們注重個人與社會間的平等，強調個人與社會是對等的。社會是由個人組成者，個人則必須依附社會以生存。社會不能缺少個人，個人也不能缺少社會。個人固應對社會盡責任，社會也要爲它自己的穩固與繁榮，盡可能善待個人，個人才會樂意對社會提貢獻。西洋社會學者甚少談個人出於自動自發的自修，却多說社會規範制約個人、社教文化塑造個人。個人又常有反抗制約，不接受塑造的傾向與行爲。

第二，中國歷代學人於論個人時，多注意發現人性、研究人性、觀察人性的力量。如發現人性是善的，就力主培養發展、運用此善性。如相信人性是惡，就主張以教育及禮法限制之或改變之，甚且希望能化惡爲善。或至少從功利觀點，使惡性變爲有利的習慣。中國學人相信，個人如能以自己的力量，加上身外環境的力量，使其善性發揮至極致，或使其惡性受到限制，變爲有利的習慣，就能成個徹裏徹外的君子，或一個能自我約束的守法公民。由這樣的眞實君子，或守法公民，所建立的家庭就不能不齊；由得其齊的家庭所構成的國就不能不治；由得其治的國所擴大或聯合成的天下就不能不平。在社會方面，其責任是建立敎化、運用敎化、充實敎化，以樹立健全而豐富的社會環境。此環境協助個人的努力，使發展個人的善性，限制或改變們人的惡性，也防止或矯正某些個人由惡性產生的不良行爲。

西洋學人的意見則不同。他們在個人方面完全注意人權（Human rights）。他們盡量發揮人人有其天生權利這一觀念或學說。主張個人要運用此權利、保護此權利。遇有干涉或剝奪，自己要盡力保護或抗拒干涉，更要連合多數個人的力量，發動各種規模的保護人權運動。西洋學人相信，個人之有社會或支持社會，最大理由，或唯一理由，是有社會才容易發揮、運用、滿足個人的天生權利。在社會方面，其最重要的責任乃以諸種方法助個人發揮其人權。遇到代表社會的掌權者爲發揮自己的權力與利益，要限制或剝削個人的權力，個人就要起來保護自己，推翻這樣的社會代表。因此西洋社會歷代所有社會紛擾與內部戰亂，大多與這個人權問題有關係。也是他們社會學中所常討論者。

第三，中國學人，如老莊學派，也未嘗不想到個人的天生權力。但老莊學派所主張的人權是說個人天生知道他的興趣或需要是甚麽，也天生知道如何去發展興趣，如何去滿足需要。如任憑個人依照他的天生性情、天生知識與天生能力，去照顧他自己，處理他自己的事，他會生活得很滿足、很愉快。如別人或社會硬要去干涉他的行爲與生活，不論是出於善意的敎化，或出於自私的企圖，都會使個人受到困擾，減少或完全被剝奪了生活上的天眞快樂。個人有權利去處理自己的事，尋求自己的快樂。像孔子及儒家那樣栖栖遑遑，硬要去敎導人，爲人設立各種禮敎與法度，其用意雖善，其結果是干涉了人家的自由，妨害了別人的自然情況。也就等於剝奪了人的自然權力。

西洋社會學者甚少有老莊一派的想法。只盧梭在其《愛的敎育》一書中有相當類似的觀念。老莊的人權觀念其情調是和平、樸素、天眞、保持大自然。西洋社會學者、政治學者的人權觀念中則充滿唯我、自衞、抗爭、示威運動等火爆氣味。

第四，在個人與社會的關係上，中國學人對此關係視爲屬倫理的。「天生烝民，作之君，作之師」這句話創始於中國思想文化發揚的最早期，即詩經的創作時代。後被化合在儒家的主要思想中，以不同方式，流傳到最近。烝民代表全體個人，君與師代表社會。中國歷代的社會多由家族所構成。西周封建時代，國也是以家族爲主幹。儒家的思想十分重視家族。又以家族社會的事實爲根據，把家族內的倫理推延到整個社會，整個國的架構上，使個人與社會的關係倫理化。烝民是構成社會的全體個人，比擬家族中的子女或分子。君與師同有父的含義。故在甚多文獻中有「君父」與「師父」之稱。於是在中國的傳統社會中，個人與社會的關係是倫理關係。含義上如此，形式也是如此。在一個農村社會中，不論村民是否同屬一個家族，大家都以家人稱呼相問候。

西洋的社會學者無不習慣於個人與社會的關係是契約關係、法制關係與政治關係。這種思想固然多見於政治學言論中，而社會學的理論中也視為當然。他們並且相信，是在鄉民社會（folk society）的時代，有很多地方存在過這樣屬倫理性質的個人與社會關係。但他們稱此為機械性連結（mechanical solidarity 或 Gemienschaft）。不全是中國人意義中的倫理關係。人類的文明大進步後，尤其是工商業興起、城市發達後，機械性的連結消失，社會關係完全變為契約性、法制性、企業性、自由式。

這一段很長的話我想足以顯示我是如何把社會學理論，亦即個人與社會關係的理論，運用在中西歷史上，使歷史事件有了社會學的意義，不再只是一些過去的事實而已。在另一方面，也使社會學的理論落實在歷史事實上，得到充分實證，不再是一些空洞言語了。我想這就是歷史學與社會學的有機連結。

黃：謝謝楊老師以自己的研究經驗對歷史學與社會學的「有機」結合作了深入的分析。您所寫的《社會學》（臺北：商務印書館出版，民國六十八年八月初版，共三五八頁）以及最近出版的《當代社會學說》（臺北：國立編譯館出版，黎明文化事業公司印行。共六〇〇面）可以說是您所持「社會科學研究中國化」這個信念的更進一步落實。在《社會學》這本書中，您努力於透視並分析我國的社會，要看中國的社會是如何構成，有些什麼要素，要素之間有何關係，如何互動；要看一個社會整體如何動、如何靜；動與靜的背後有何力量，此力量如何發生作用，其發生作用時有否一定軌道與法則；也要看今日社會與往日者比，有否變異，其變異的情況如何，變異的原因與力量爲何。在《當代社會學說》這本書中，您認爲以往及當代中國人所治行爲科學、人文科學及人生哲學中，均有極豐厚之社會學觀念與理論，只未以今日社會學語文及名詞道出耳。您曾呼籲我國社會學者應盡力發掘，將發掘所得以今日之社會學術語講述或詮釋之。您在這本書中也曾加意爲之，獲得了可觀的成績。

但是，讀者誦讀您這兩本大著，不免會滋生一個疑難：旣然近代社會學的理論與研究方法都起源於西方，因此不免有其西方文化的局限性，而中國數千年來的社會乃是中國文化的產物。在西方社會學理論與中國的社會文化之間是否會有不相應甚至相衝突的地方？我們應如何克服這種問題才能完美地達成「社會科學研究的中國化」的目標呢？

楊：近代社會學的理論與研究方法誠然都起源於西方。自然都是依據西洋人情與文化演積而成。但這毫無妨碍於我們從其中得到啓示、參考與例證，藉以建立發展我們自己的社會學與社會學方法。先舉個淺顯的例子。嚴復翻譯《羣學肄言》以前，或五四運動以前，我們不知道如何分析了解我們的傳統家庭制度，更不知道家庭有其結構與功能的區別與關係。因此家中有了問題或悲劇，只知以孝道、悌道、權威與服從等傳統倫理去處理。結果所作處理等於不處理，只是强制壓抑與忍耐而已。一切只能以忍耐或讓一方獨受痛苦以了之。但自從讀了西洋社會學中論家庭的部分後，我們就知道家庭有各式各類的結構、家庭有對家中人與其隣居的各種功能，家中各份子有按性別、年齡、輩分、倫理地位各應扮演的角色等。有了這些新知識，就用以分析、了解我們的家庭。分析了解之後，知道我們傳統家庭的結構是甚麽情形，合不合用；它的功能是甚麽，家人如何盡這些功能，爲盡這些功能家中人是否各扮演其應扮演的角色。以前我們也知道「父父、子子」、「父不父，子不子」等道理，但不知作邏輯的分析，一旦有了這些對自己家庭的知識，就知道中國人家庭的問題在那裏，到何處尋求解決問題的方法或道理。把這些新知識彙集起來，編輯成書，不就是中國人的家庭學或家庭社會學嗎？我們更能、或更應該再進一步研究中國家庭的結構是否一定要與西洋人的家庭結構完全一樣？我們有否合理的差異？如有合理的差異，我們應否保有此差異，甚至發揚光大之？我們的家庭功能是否一定要與西洋人所說者完全一樣？如有差別，其差別是否合理，或是否爲我們的利益？如係利益，我們應如何保存之，加以精化？在我們家庭中，家人之間的關係、以及家人所扮演的角色，是否一定要與西洋家庭者一樣？我們必須亦步亦趨的跟着西洋學？如曰不必，則如何使我們的做法合理而有益？如依照以上這些問題或重點作研究，將研究結果寫出一部家庭社會學，就是中國人的家庭社會學，或家庭社會學的中國化。

又如一九五〇年代美國社會學界盛行結構功能論的教學與研究。我們的社會學者也應該並必須將他們所發展的這門學問或這個學派研究透徹，十分瞭解。然後用他們的資料爲參考，詳細研究我們社會的各種結構及每種結構所有的功能。我們的社會結構中是否也有正功能、負功能、顯功能、潛功能、功能擴充與功能墮落等？我們如何界說結構，如何界說功能，在我們的社會中，過去有些甚麽重要結構？近若干年來，舊的結構如何變化？新的結構如何出現？各種結構的功能如何賦與，如何運作，如何變化？把這些問題的答案或研究成績編輯成文章或書籍，就是中國人的結構功能論。在這門學問上造詣深的中國社會學者可以用結構功能論爲題，先發揮自己的觀念或理論。他的理論應該是運用自己的思想，參考中外學人的觀念與理論以演成者。把理論講明後，再以中外的事體爲例，加以發揮。這樣就更是中國化的結構功能論了。

黃：民國六十九年十二月您曾應中央研究院民族學研究所的邀請，在「社會及行爲科學研究的中國化」研討會上發表專題演講，做爲整個研討會的引論。在那篇講辭中，您曾指出：我們要建立本國學術，必須以天下普同的方法與觀念研究本國的事物、社會、問題等。具體言之，中國人治鄉村社會學應以普同社會學方法研究中國的鄉村。以中國鄉村社會的實際情況、所有問題及歷史背景爲資料，建立理論，以此理論建立中國的鄉村社會學。必須避免以外國資料撰寫中國社會學。更不可將外國人之書割裂肢解，譯爲中文，再加拼湊。但您又認爲：方法與一般觀念雖係普同，但在使用時亦應依照本國習俗，作必要的修訂。目的在使其更有效，更能完成研究或治學之目的。

從方法論的立場來說，您在這裏所說的觸及到一個很大的問題，那就是：普同的（Universal）方法是否能有效地處理特殊的（Particular）資料的問題。請問您對這個問題持有何種看法？

楊：社會學上的現代研究方法也絕大多數創自西洋學人。但方法一經發明，其應用是世界普同的，卽在任何地區、任何文化中都可以使用，極像製造事物或交通運輸的技術與工具，由某地方的某人發明後，各處的人，各種文化中的人，都可以仿效製造使用。不過大多數技術與工具並非一經發明，立卽完美無缺，無論何人，無論在何處都可使用並有很高的功效。往往要經過很多次的修改與增減，才適合各地的情況。研究方法也是如此。也是要在使用過程中常作修正與改善。修正或改善不是出於無因，而是依照一個地方的自然環境、社會習俗、文化程度、人的身心情況等。人固然可以改變自已去有效的使用已成方法，但也可以把方法加以修改，使其適合當地或我們的特殊情形。但這種修改必須不損失方法的基本原理與構成，否則修改過的方法不會仍然有效。如做了損及基本原理與構成的方法仍然有效，就不是原來的方法，而是一種新方法了。中國社會學者可以採用西洋社會學者所發明的研究方法。但使用時，要注意其完成的效果。如使用得正確，也充分完成在某項學術研究上的目標。就可以完全使用別人所發明者。如果謹愼使用時，發現有某些特殊情形，不容許完全照樣使用那種方法，就應詳察問題所在，看是應該修改情況或事件以適合方法，或修改方法以適合情況或事件。如果情況或事件爲重，不應改變，就要修改方法；反之，可以改變情況或事件。久已從事社會學研究的學者，應該有能力與智慧發明適合自己國情的方法，或善於修改別人的方法，使能在我們的社會中做出同樣有效的成果。

在基本學理上，方法應該是普同的。但在運用的技巧上則可因地、因時、因事、因人而異。以田野訪問調查法爲例。使用此法到田野去蒐集事實或資料，無論在何處、何時，對何人、何事，都要用，都可以用。但在中國人或文化中使用，會很不同於對美國人，在美國文化中使用。訪問調查者在美國家庭中可以直接的、公開的問關於男女關係或兩性的事，在中國家庭中就必須轉彎的、間接的、打啞謎式的問。觀察時所用技巧也必須有很大分別。在中國家庭中直接問金錢的收入或財產的數量，或親自去觀察這些事，也是個大忌諱，也必須運用技巧才可以找到事實。在另一些事上，則輪到美國家庭不能公開或直接回答問題。總之，方法是相同的，運用的技巧則不同。也有些事例，在西洋社會中可以使用某些方法作研究，在中國社會，就根本行不通。例如今日要研究中國人的政治選舉，如使用美國人所使用的方法，一定得不到我們選舉的眞諦。得不到以往我們選賢與能的眞實情形，也得不到今日摹仿西洋式選舉的內幕。

我們今日的社會學研究者都已在普遍使用西洋學人所使用的方法。西洋學人所使用的方法，一般言之，不外「田野採集資料」、「統計處理解釋資料」及「陳列統計圖表」等三個步驟，很少其他工夫。西洋人所用的這套實證方法有兩個不易避免的大缺點：第一，在採集田野資料時，雖然都會有一套資料採集工具，即所謂「問題表」(questionnaire)，或「訪視程式」(interview schedule)，但此工具的編製並不簡單容易。一般主持研究者往往不知或不能根據一個理論與一個系統以設計其問題。結果所有問題不帶連貫性，不在一個順序(sequence)中，而互相分離。訪視員發問時，既缺少連貫性，所得答案也就互相獨立，甚至互相衝突或抵消。拿這樣一套支離破碎的資料，自然處理不出有意義、合邏輯的觀念、概念、論點等。到運用統計時，做此項工作者盡係學問上尚未成熟的青年學生，他們只能算出數字與百分比，而不能審查並判斷數字及百分比所代表的意義是否合理、是否有意義、是否正確。研究主持人於看到統計程式與圖表後，已精疲力盡，不能根據統計結果，或處理後的資料，發展建立一套他自己的理論。第二，研究者在思考力上訓練不足，學識不深，不能鑑別所得田野資料之可靠性，亦缺少以推理建立學說的能力。亦有學人，因怵於被譏爲唯心主義者或離經叛道（實證主義的經與道）者，故意不運用自己的理智，故意不建立自己的理論。早期的實證主義有此弊，晚近的新實證主義此弊尤甚。

我國東漢學人王充於差不多兩千年前就看到這種毛病，並力言之，勸人避免。他說你在田野作資料採集時，不要以爲被訪問者對你問題所作的回答都是可靠的。因此你所根據的田野資料究竟是事實與否，頗不易確定，你必須用你的理智愼加推敲，以定其正確與否。他舉墨家信鬼之事爲例。墨家說，立論必須「原察百姓耳目之實」。因此他們就把聽到好多人說見到鬼的話當作證據，定有鬼是事實。但可靠嗎？爲何不研究人之見鬼可能是一種幻覺。幻覺不能與事實相符。因此由幻覺所得的答案不足爲立論的根據。

王充的這個警告乃今日作社會科學研究者赴田野作資料採集時所應注意者。必須提醒訪視員，被詢問者所給的答案，或講的話，是否合於事實，是否合理。有多種原因使回答者所講的話與事實不符。王充又說：「夫論不留精澄意，苟以外效立事是非，信聞見於外。不詮訂於內，是用耳目論，不以心意議也。夫以耳目論，則以虛象爲言。虛象效，則以事實爲非。是故是非者，不徒耳目，必開心意。」（《論衡》，卷二十三）這段話的意思是，一般人所說，常出於不與實際相符之感覺（聞見）。故所說者可能是虛象。因此不能將一般人所說者立即取以爲信。研究者要用自己的理智，加以推理與審核（詮訂於內，開心意）。王充的這個主張更能矯正時下一般新實證主義者作研究時所犯的毛病——不肯用心，反美其名曰客觀。學問不是只靠採集、統計、安排一些客觀事實所能得到或建立，也需要合於邏輯的思考與推理。

黃：在以上同一篇講辭中，您提到西洋學人在中國作研究時最大的困難是在於他們有主觀上的文化優越感。這種文化優越感尤其表現在三方面：

1.到中國作文化人類學研究者與到非洲原始社會中者有相似的文化意識，尤其是早期的西洋學者更常常如此。

2.第二次世界大戰後的美國學人，態度有改良，訓練亦較完備。但他們在中國所作田野觀察、訪問、資料蒐集，仍大半是一片一片、一件一件，帶回他們國內作分析、統計、解釋。甚多不成意義，中國人看了不知所云。換言之，他們對中國村莊或社區中的整個生活或文化，看不清或只看清某些點，而不是一個整體的社會、生活與文化。

3.在早期的宣教士中，有少數具特殊才能與智慧者，他們各自深入民間，徹頭徹尾生活在中國人的生活中，能完全運用中國語言文字。這些西洋人確能了解「吃透」所在中國社會的整個文化。如他們當時曾受過社會科學或行為科學的訓練，應該是最合格的，眞正的「中國通」。可惜他們大多數無學術訓練，他們並且受着一種拘束。他們必須時常想到，他們來中國的使命是「拯救尚在黑暗中及罪惡中的中國人」。這個使命使他們不敢把中國人與中國文化列為值得稱讚者。因為如值得稱讚，就不必在此作宣教工作了。

我們知道，任何人文及社會科學的研究都很難絕對避免研究工作者個人所懷抱的價值或他的文化背景的影響。請問您：您所說的這種西洋學者研究中國社會的「文化優越感」能否加以克服？如果可以的話，請問應如何克服？

楊：西洋學人研究中國社會時必須袪除他們那長久傳襲的文化優越感。要克服這種障碍，必須由他們自己努力。照我所想，他們來到中國時必須具着一個清白坦誠的心。清白的意思是他們要研究中國社會的那個心未受任何汚染，不帶一點色彩。沒有預先習得的卑視或讚譽情結。

中國社會是一個令人批評的或是一個令人嘉許的社會，要等着自己以科學態度與科學方法去精細發現。坦誠的意思是來研究中國社會的人要十分眞誠坦然的以此爲唯一要務，爲唯一旨趣，不夾襍任何別的目的或任務。也不是來賺個「中國通」的頭銜，回到國內，可以在本國的大學內被稱爲「中國文化專家」，擔任「中國研究所」(Institute of Chinese Studies)的教授或主任。我相信外國學人如能這樣淸白坦誠，就可以克服其文化優越感。

我也建議外國學人，特別是年輕的研究所研究生或有講師地位者，要想認眞而鄭重地研究中國社會，得準備五年或六年時間，先來中國在一優良大學的相關科系中留學。自開始就認眞學習中國語文，研讀中國歷史、中國社會學、文化學等。要像中國青年在美國大學內，一方面苦練英文，同時讀社會學、文化人類學及別種人文學科等一樣。更要時常置身於美國人的生活中、家庭中、團體中、歷史中。要這樣努力五年或六年，這位中國留學生才能把美國文化眞正了解到相當程度。那些到美國去專學科技，日夜在實驗室、工作廠、或教室中或圖書館中。出了這些地方與中國同學共餐談天，極少與美國人（或任何居留國的人）在一處者，極不可能學到並了解美國人的文化。

要使外國學人克服其文化優越感，中國人也有應盡的本分。中國人應盡的本分有近程者與遠程者兩種。近程者是與外國學人同工的中國人，無論是與他們處於相等地位的學人或應聘作他們助手的大學研究生、助教、講師等，都絕不顯著的或隱藏的媚外。與外國學人要友善，要誠懇合作，但要有自尊心，不只是個人的或私人的自尊，也是民族、文化、眞理、事實的自尊。外國學人如確實有錯誤，要和氣的，但堅執的要他改正。但也要虛心觀察、評斷，如外國學人有優良的意見與方法，對於了解中國文化的眞義更有效，我們要誠心接受。我們如有這樣的態度及作法，定會有助於外國學人克服其文化優越感。

幫助外國學人克服其文化優越感，我們的遠程工夫是從我們的社會、經濟、文化、政治、生產技術、治事方法等各方面力求進步，使儘快達到最高度的現代化，使已經開發的歐、美、日本等國人士無不對我們刮目相視，眞心佩服，覺着我們在甚多事上能勝過他們。到這個地步，外國學人會自然的消除其文化優越感。美國學人到日本去作社會研究，不但沒有文化優越感，甚至對日本的成就佩服得五體投地，大叫「日本第一」。不但一般人只顧目前或現實，不多注意歷史事件，很多學術界人士也是如此。雖然我們歷史上的文化比日本高，但今日則不及他們，也不及歐美各已開發國家者。因此，西洋學人到我們這裏作研究時，仍不免有其傳統的文化優越感。

八、從中國文化史立場試論當前文化建設之意義及其方向

一、前　言

從世界史的立場來看，中國的歷史傳統具有若干重大的特徵，其中尤以高度的文化取向爲其顯而易見的特質。晚近從事比較歷史研究的學者嘗指出，人類歷史上的社會可大別爲二大主要型態：一是文化取向型；二是宗教取向型。中國及古代埃及帝國之社會屬於前者，回教國家及中古以降的西歐歷史社會傾向於後者。由於中國社會具有强烈的文化取向性格，所以傳統中國歷史所見之諸般政治活動多與文化目標之追求以及文化遺產之保存與發揚有密切關係，國史所見歷代王朝固有其興衰遞嬗，但是開疆拓土或營利活動始終不是王朝所賴以存在之理由。歷代帝王均著眼

於文化傳統之延續，並在文化之基礎上使其王朝之政權取得合法化之地位。由於文化之延續與發展在國史演進過程中居於主導性之地位，所以國史發展較少見里程碑式之革命，而每於和平之中獲得進展，呈現圓融和諧之歷史性格。❶當代社會學家埃森西塔（S. N. Eisenstadt）氏嘗云，中國歷史上之變遷多爲適應性或邊際性之變遷(accommodable change, marginal change)，少見全盤性之變遷（total change）❷，其說頗能切中中國歷史發展大脈之所在，而爲識者所共

❶關於國史綿延發展之性格，時賢言之甚詳。參考：錢穆，《國史大綱》（臺北：臺灣商務印書館，民國五十四年），引論；姚從吾師，「國史擴大綿延的一個看法」，收入：《大陸雜誌史學叢書》第一輯，第一冊，頁二一二—二二四；余英時，「關於中國歷史特質的一些看法」，收入：氏著，《歷史與思想》（臺北：聯經出版公司，民國六十五年），頁二七一—二八四；JamesT.C.Liu（劉子健）"Integrative Factors through Chinese History: Their Interaction," 收入：James T. C. Liu and Wei-ming Tu（杜維明）eds., *Traditional China* (Englewood Cliffs: Prentice-Hall, Inc, 1970), pp. 10-23.

關於中國歷史上顯著的文化取向 (cultural orientation) 之性格，晚近從事比較文化及歷史之研究學者多能言之。參考：Talcott Parsons, *Societies: Evolutionary and Comparative Persoectives* (Englewood Cliffs: Prentice-Hall, Inc,1966), pp. 72-73; S. N. Eisenstadt, *The Political Systems of the Empires: The Rise and Fall of the Historical Bureaucratic Societies* (New York: The Free Press, 1963, 1969), pp. 221-256. 帕深思 (Parsons) 與埃森西塔 (Eisenstadt) 兩氏均為社會學家，然兩氏亦皆從事於此類歷史研究，埃森西塔氏之研究尤自成一家之言，另詳：拙作，「埃森西塔對於帝國的政治系統之研究及其對中國歷史的解釋」，收入：黃俊傑編譯，《史學方法論叢》（臺北：臺灣學生書局，民國七十年九月增訂再版）。

❷Eisenstadt, *op. cit.*, pp. 323-332.

許。

因爲中國傳統中具有強烈的文化取向的性格，所以國史所見政治、經濟、社會各方面之變動，莫不與文化變遷有深刻關係。前者既是後者之因，亦是後者之果，因果相逐，成爲國史演進中極堪注意之歷史現象。舉例言之，春秋戰國時代（公元前七二二——二二二年）五百年之間爲國史一大變局。言政治，則封建廢而郡縣興；列國對峙之局漸泯而帝國一統之局形成；言社會，則君子陵夷，小人上昇，社稷無常奉，君子無常位；言經濟，則莊園經濟瓦解，工商活動漸興；言學術思想，則道術裂爲方術，諸子蠭起，百家爭鳴。然而這一切的變動並未出現孤立和不相聯屬的現象，此乃因五百年間社會經濟政治之變化均與文化上之由多元走向一元之趨勢互有關聯。戰國晚期，孟子（公元前三七一——二八九？）以「定於一」答梁襄王之問「天下惡乎定？」⑬，最能透露此種歷史發展之消息，蓋因大一統的政治局面之來臨必與「車同軌、書同文、行同倫」之文化發展相呼應也。再就近百年來國史之發展言之，近代海通以來西力東漸，中國之政治、經濟、社會各方面皆面臨所謂「三千年一大變局」，然則如就此種變局之深層觀察，則可發現莫不與中西文化之接觸與中國文化之轉型此一主要現象有密切之關係。

以上的討論旨在說明，就中國的歷史經驗來看，六十年前錢賓四先生所提出來的論點：「一

⑬《孟子集註》（四部備要本），卷一，梁王章句上，頁六，下。

切問題，由文化問題產生；一切問題，由文化問題解決。」❹是寓有深邃的歷史慧識的看法。我們可以說，文化問題是中國歷史發展之關鍵性問題。國史之演進轉折皆與文化之保存、創造及其轉化有關，而中國人亦在文化之保存、創造及轉化之中安頓其身心，覓其安身立命之道。

就文化史之立場言，現階段之中國文化建設具有何種歷史意義？我們應以何種原則從事文化建設之工作？當前文化建設之思想方向應以何處爲依歸？這是我們亟應深思之重大問題。

二、當前文化建設的歷史意義

中國歷史源遠流長，信史之記載自周召共和（公元前八四一年）以降迄未間斷，綿延以迄於今。中國人浸潤於這種悠久的歷史傳統之中，乃形成一種强烈的歷史感。傳統中國人常將現實問題置於歷史的脈絡中來思考，反省其歷史之地位，釐清其歷史之意義，「太史公自序」所謂「述往事，思來者」最能體顯此種歷史感。故就《史記》及兩漢書所見，漢人屢就「秦何以失天下」此一具有歷史地位之事件有所反省，漢高祖（在位於公元前二〇六——一九五年），曾以「吾所以有天下者何？項氏之所以失天下者何？」一問羣臣❺；宋元以降，「國可滅，史不可滅」之觀念

❹錢穆，《文化學大義》（臺北：正中書局，民國四十一年），頁二。

❺王先謙，《漢書補註》（臺北：藝文印書館新印光緒壬子長沙王氏校刊本），「高帝紀第一，下」，頁六。

尤爲發達，歷代官修正史之傳統即爲此種歷史感之表現。

在此種强烈的歷史感的薰陶驅迫之下，我們欲思考有關現階段中國文化建設之相關問題，必須先自歷史的回顧開始，也只有經過歷史的透視才能照明今日我們所身處的環境。

從中國文化史的立場來看，我們今日所從事的中國文化建設運動實具有特殊的歷史地位。我們今日所身處的時空環境均與清末、五四、或抗戰時代有所不同，此種歷史環境的差異亦突顯了今日中國文化建設運動的歷史意義，使它成爲中國文化史上充實而有光輝的一頁。簡單地說，當前文化建設運動在中國文化史上的意義至少可以就以下幾方面加以思考：

一、當前文化建設是「傳統」與「現代」接榫的一項努力：我們在此使用「傳統」與「現代」僅是爲了討論上的方便，非謂「傳統」與「現代」乃不相聯屬之敵體。事實上，自一九六〇年代中期以後社會學界及歷史學界有關近代化問題的研究文獻也一致指出，過去的研究工作者過份重視近代世界發展上特殊的歷史經驗，而至以「傳統——現代」二分之觀點看問題，此種研究取向實有嚴重之障蔽。「傳統」與「現代」並不截然斷爲兩橛，任何現代化運動必奠基於傳統之上方有所本；而傳統因子亦以各種不同形式在現代社會中發生作用❻。在這個認識的基本前提之

❻關於近代化問題研究文獻的檢討，參看：S. N. Eisenstadt, "Sociological Theory and an Analysis of the Dynamics of Civilizations and of Revolutions," *Daedalus* (*Journal of the American Academy of Arts and Sciences*) (Fall, 1977), Vol. II, pp. 59-78.

下，我們在此所謂的「傳統」是指十九世紀以前根植於中國農業社會經濟背景的生活方式與價值系統；「現代」則是十九世紀以降工業文明的產物。

近百年來，中國歷經鉅變，各種歷史性的問題應運而生。其中一項影響深遠牽動全面的問題就是：數千年中國的歷史傳統所孕育的價值體系如何更新以適存於近代工業文明的生活方式之中？而因爲近代工業文明是一個十分複雜的整體，其包涵之層次亦多，所以在近百年來中國歷史發展的過程中，上述問題在不同時代中每以不同的面貌呈現而對國人產生不同的挑戰。

從歷史上看，這一個問題在時間序列上的展現至少有三個層次：一是科技層次；二是制度層次；三是思想層次。大致說來，在自强運動時期（約一八六五——一八九五年）近代工業文明對傳統中國文化的挑戰主要落實在技藝的層次，此一時期的政治領袖人物如曾國藩（一八一一——一八七二）、左宗棠（一八一二——一八八五）、李鴻章（一八二三——一九〇一）、胡林翼（一八一二——一八六一）等人心神之所關注者莫非堅船利炮之講求，可謂均屬技術層次之問題，這是第一個階段。中日甲午之戰則是開啓第二歷史階段的先聲，此後的傳統文化與近代工業文明的接觸提昇到政治制度的層次，維新運動時期的重要領袖如康有爲（一八五八——一九二七）、梁啓超（一八七三——一九二九）等人均注意從政治制度的維新變法來促使傳統更新，他們所關心的都是制度性的問題。第三個階段則可以以辛亥革命（一九一一年）爲其開始之期，滿洲王朝傾覆，民國建立，這一個劃時代的事件揭開了歷史的新頁。從此以後，近代工業文明的各種思想基礎如民主的生活方式、平等、法治與自由的觀念廣爲國人所追求接受。因此，傳統文化與近代文明的接觸乃再提昇到思想的層次。

從歷史的角度觀察，今日我們所處的歷史環境實與以上所說的三個歷史階段相銜接，因此我們所面對的歷史問題也與近百年來國史中所呈現的問題一脈相承。近代工業文明不論就其技術層次而言，或就其制度層次而言，或就其思想層次而言，在今日的臺灣地區均已達到一個極其高度的發展。面對此種特殊之狀況，當前的文化建設的第一項歷史意義正是在於謀求傳統文明與近代文明之間的調適。換言之，此亦即是在「開新」與「守舊」之間謀求平衡並創造新意的問題⑦。

二、當前文化建設是會通中國傳統與西方文化的一個橋樑：自從明末耶穌會教士東來，帶來西方科技文明以及宗教信仰之後，中西文化的會通就成爲一個重要的歷史問題。此一問題隨着中西文化之接觸交流以及國人的海外知識之增加而日趨重要。自從明末以後國人對中西文化之差異多有深刻之警覺，明季哲人方以智（密之，一六一一——一六七一）嘗云，中學長於通幾，西學長於質測⑧；民國熊十力（一八八五——一九六八）亦嘗云，「中人得其渾全，……西人長於分

⑦錢賓四先生最近對此一問題嘗有深刻反省並發而爲文，參看：錢穆，「維新與守舊——民國七十年來學術思想之簡述」，《幼獅學誌》，第十六卷第二期（民國六十九年二月），頁一——十二。

⑧轉引自：熊十力，《十力語要》（臺北：廣文書局，民國五十一年），卷一，頁五一。

析」⑨，此類觀察殊爲有見，皆能切中中西文化之差異，對我們思考此一問題頗有啓發。

近百年來國史的發展經驗顯示出，中西文化在制度、行爲及思想各層次之衝突及其協調乃是近代一大歷史問題。至於所以致此之由，我們無法在此一一加以分析。我們在此所要指出的是，今日我們所身處的環境在中西文化交流史上居於一個特殊重要的地位。論者嘗指出，在中國各省中，臺灣地區因地理位置之重要性，早自十六世紀開始卽已成爲近代史上西歐各國爭取之基地⑩，與西方文化之接觸甚早。在荷據時期，臺灣已成爲荷蘭人將中國之商品輸往巴達維亞、日本、荷蘭及東印度各地商館之重要貿易中心⑪。但從中國文化發展史的立場來看，「臺灣史的基本性格是在於數千年來，發源於黃河流域的中華民族，不斷地分向四方擴展，終於自大陸濱海地方，將其活動範圍推進到臺灣來，前仆後繼，入殖經營，終於建設了漢人社會的過程。所以臺灣的經營也是整個中華民族發展史上的一章，也是中華民族所蘊蓄深厚潛力的發揮。」⑫職是之故，中西文化的對蹠及其協調，這個問題在此時此地就特別具有意義，而我們當前的中國文化建

⑨熊十力，《前引書》，頁五一。

⑩參考：曹永和，「荷蘭與西班牙佔據時期的臺灣」，收入：氏著，《臺灣早期歷史研究》（臺北：聯經出版公司，民國六十八年），頁二五—四四。

⑪參考：曹永和，「荷據時期臺灣開發史略」，收入：氏著，《前引書》，頁四五—六七，尤其是頁六六。

⑫引文見：曹永和，「中華民族的拓展與臺灣的開發」，收入：氏著，《前引書》，頁二一—二二。

設運動的歷史意義正是在於面對這個問題而求其妥善之安排。

在上文的討論裏，我們從中國文化史的觀點指出當前文化建設運動主要的歷史意義在於：結合新舊、會通中西，並在此一基礎上進行中國文化生命的更新及其創造性的轉化。

三、試擬從事文化建設所依循的兩項原則

今日之中國文化建設事業既具有如此重大的歷史意義，則我們應依循何種原則來從事建設？站在中國文化史的立場，我們至少可以試擬以下二項原則：

第一項原則是「求變通」。此處「變」「通」之觀念源自《周易》「繫辭」孔子所說：「形而上者謂之道；形而下者謂之器。化而裁之謂之變；推而行之謂之通；舉而措之天下之民謂之事業。」⑬一語。我們在此承襲孔子之意，以「變通」這個概念來指從事文化建設時就中國文化傳統，衡量當前客觀環境，化而裁之，推而行之之原則。此一原則不僅因應時代客觀環境之「勢」而可收事倍功半之效，而且也與文化史所顯示之原則相符合。論者嘗指出：「就其實而言之，人類的文化實之因受而興的。……應用科學……人文科學……自然科學，凡此種都是先『見乎

⑬《周易》（四部叢刊本），繫辭上第七，頁十一，下—十二，上。

變』，後加以演繹或歸納，逐漸創造出來的。苟不能見其『變』，則直是不識、不知、不文、不化矣。文化旣由事物之變而誕生，更因事物之變而發揮其功能。……因此文化乃不得不隨時，隨地，作局部的變，以謀新問題之解決。……『通』便是新文化的成長」⑭。我們今日面對傳統與現代對蹠，中國傳統與西方文化照面之新局面，此爲歷史之「變」，我們面對此一變局而創造新文化，必能就中國文化傳統完成縱的「貫通」；就中西文化之交流去完成橫的「會通」。

然而，我們在强調「變通」觀念之同時，也必須時時注意中國歷史文化演進中之「常道」。此點就近百年來歷史發展之脈絡言尤具深刻之意義。近百年來我國歷史乃一段激變之歲月，清末知識份子已意識到西方帝國主義之東來係中國三千年來之一大變局，自康梁以下，國人面對變局力求中國之富强，不免只知求變而略於論常，只知開新而不知守舊，更不知非守舊不足以開新的歷史常道。因此，儒學傳統在近百年來的激變歲月中遭受了空前的誣衊，中國文化之精神價值亦受極大之創傷。再就中國學術之發展觀之，近百年來中國經學傳統衰落，此爲知識份子不談中國文化「常道」之內在的學術原因。在此種主觀及客觀因素交織的時代背景之下，我們文化建設事業的開展尤應留意探求常道於變通之際，並瞭然於「求變」與「知常」實爲輔車相依，不可偏廢，蓋唯知常而後能應變，體常而後能盡變，語變乃所以顯常也。

⑭見：沈剛伯師，「論文化蛻變兼述我國歷史上的第一次文化大革新」，《中山學術文化集刊》，第一集，頁一——二。

在中國思想史上，對於上述原則體會最爲深刻的是孔子（公元前五五一——四七九）。《論語》「子罕」篇：「子在川上，曰：『逝者如斯夫，不舍晝夜。』」朱註：「天地之化，往者過，來者續，無一息之停，乃道體之本然也，然其可指而易見者，莫如川流，故於此發以示人，欲學者時時省察，而無毫髮之間斷也。」⑮孔子川上之言及朱子集註，皆蘊涵一項極具啓示意義之哲學智慧：萬物遷化流變之中有其不變者在焉，從中國文化史立場來看，這項見解亦有其永恆不易之道理。「求變」與「知常」在文化史的發展中實不斷爲兩極，在歷史上一切變遷之中皆有其不隨時空而變易者。春秋戰國時代之文化變局如此，魏晉南北朝之變局亦如此，近代以降之變局亦復如此。

中國文化史的經驗所顯示的第二項文化建設的原則是：「致中和」，這項原則落實到現代的脈絡來說，就是不偏不倚，在舊傳統與新文化之間，在中國文化與西方文化之間保持一個動態的平衡關係。在中國思想史上，對這一項原則在哲學層次上作極爲深刻的思辨的是《中庸》一書：「喜怒哀樂之未發，謂之中。發而皆中節，謂之和。中也者，天下之大本也；和也者，天下之達道也。」朱子以「無所偏倚」釋「中」，以「無所乖戾」釋「和」，最能得其要旨之所在。

「致中和」這個概念不僅代表古代儒家價值哲學的一項重要創見，它同時也是中國文化發展

⑮《論語集註》（四部備要本），卷五，子罕，頁四，下。

史上所體顯出來的歷史智慧。關於這一點，我們可以舉若干具體實例作進一步的說明。

漢代爲中國文化史上之一重要階段。漢人一面整理先秦百家學說之不齊，一面開創學術思想之新局面，使漢代文化在中國文化史上特具重要性。而漢代文化的凝塑主要就是建立在從紛雜的文化要素中「致中和」這個基礎上。關於這一點，我們可以從兩個角度加以思考。先從學術面來看，漢代學術波濤壯潤，方面亦廣，但在表象之中似透顯出一重要之特質，此卽是：一門之中衆說兼採，一流之中門戶互殊。例如賈誼（公元前二〇〇——一六八），論政兼採儒法，而董仲舒（約公元前一七九——一四四）天人相應之說則以陰陽、黃老之說入儒學矣。凡此皆具有一門之中衆說兼採之趨勢。就漢代儒學之流變言，則有今文、古文之分野，家學師說之不同，尤足以顯示一流之中門戶互殊之新發展。我們再從政治面來看，「漢朝一般學優則仕的政治家們大都是以儒家的理論爲政治原則，以陰陽家的學說作專政的制衡，用法家的主張爲治事的手段，拿章句、詞賦之小技來消磨讀書人的精力，而以道家的任放態度撫綏安分守己的農民。……王霸雜用，寬猛相濟，就造成了盛漢的政治。」⑯我們可以說，不論就學術言或就政治言，漢代文化的內在富源正是在於它能在各種極端之中保持動態的平衡。漢代的歷史經驗最能體顯中國文化發展史上所見的「致中和」這項原則。其實，不僅漢代文化之發展如此，魏晉時代如何晏（公元？——二四

⑯見：沈剛伯師，前引文，頁六——七。

九）、王弼（公元二二六——二四九）輩之註解老莊，融通儒道，別創文化之局莫不是因爲他們在儒家與道家思想中致其中和的緣故。

儒家哲學及中國文化史中所蘊涵的「致中和」這一項原則對近百年的文化發展而言特別具有啓示意義。上文已經指出，近百年來西方勢力東漸，對中國造成巨大的衝擊。在此種歷史背景之下，知識份子析論文化問題多不易保持其中和之心境，自清末以來，知識份子對中國傳統文化卽漸失信心，博學如梁啓超處於此種風雨飄搖之時代對中國傳統政治、史學及其他方面亦頗有攻訐之辭，其餘識見胸襟不及任公者則對中國傳統攻擊之不遺餘力矣。國人此種對傳統變化失去信心之狀況隨世變之日亟而俱增，陵夷至於五四時代而全盤西化之論應運而出，全盤反傳統主義甚囂塵上，流風所及不免造成所謂「中國意識之危機」⑰，馴至一切唯西方文化之馬首是瞻。針對近百年來此種特殊之歷史狀況，「致中和」這項原則特別值得我們反覆玩味，並力求在中西文化之間求得動態之平衡。

四、當前文化建設的方向

⑰關於五四時代之反傳統思想，參考：Yü-sheng Lin, *The Crisis of Chinese Consciousness: Radical Antitraditionalism in the May Fourth Era* (Madison: University of Wisconsin Press, 1979).

在以上的討論裏，我們從中國文化史的歷史經驗中歸納出兩項原則，然則此二項原則如何落實而成爲文化建設之方向？關於這個問題的思考仍請從以上二項抽象原則開始。

從中國文化史立場觀之，上文所謂「求變通」與「致中和」二項文化發展之原則實係貫通爲一，而兩者接榫之點正在「因」之觀念。此處所謂「因」之觀念，一方面作「因是」解，一方面亦作「因時」解，實爲儒學及莊學之精神一脈相通。《中庸》第二章云：「君子之中庸也，君子而時中」，朱註云：「君子之所以爲中庸者以其有君子之德而又能隨時以處中也。……蓋中無定體，隨時而在，是乃平常之理也。」⑱朱子註解《中庸》此段經文最能顯示儒學傳統中「因時」之義。《莊子》「天運篇」亦云：「禮義法度者應時而變者也」，郭象註云：「彼以爲美而此或以爲惡，故當應時而變，然後皆適也」⑲。從文化發展的具體史實來看，凡能變化貫通，獲致中和，開創文化新局的人物莫不「因」其所處時代客觀之環境，順其「勢」之要求而成爲融合貫通的人。我們可以東漢經學大師鄭玄（公元一二七——二〇〇）及南宋大儒朱子（一一三〇——一二〇〇）爲例進一步闡述這個論點。

西漢時代儒學漸興，武帝（在位於公元前一四一——八七年）罷黜百家獨尊儒術，此爲中國

⑱見：《中庸集註》（四部備要本），頁三，上。

⑲見：郭象，《南華眞經注》（臺北：藝文印書館影印北宋南宋合璧本，民國六十一年），頁二九〇—二九一。

文化史之一重要里程碑。然則，儒學獨尊之後，學者衆多，學風日趨碎義煩瑣，便辭巧說，末流所至不免說五字之文，至於二、三萬言。是故學界之中反對章句之學，講求博覽通洽之學風亦逐漸蘊蓄發展。我們通讀兩漢書大儒之列傳，隨處可見此種學術潮流之發展。如揚雄（公元前五三——公元一八）、桓譚（公元前四三——公元二八）、班固（公元三二——九二）、梁鴻、王充（公元二七——九一）、荀淑、盧植（公元一五九——一九二）、韓融等皆好博覽而不守章句，此種學術思潮經數百年之發展至鄭玄而臻於高峯。鄭康成正是因應此種學術潮流，囊括大典，網羅衆家，删裁繁誣，刊改漏失，故能結束兩漢之舊文化而成爲文化史上分水嶺式之人物也。鄭康成七十歲之時，在「戒子益恩書」中，自述其畢生之志業在於「念述先聖之玄意，思整百家之不齊」⑳，這一句話頗能具體說明鄭氏在中國學術文化史上之歷史地位。我們從歷史的角度來看，鄭玄正是「因」應其時代之環境，故能於舊學有所變通，正因其有所變通乃能致其中和，而別創新局也。

再就朱子的學問來看。朱子畢生遍注羣經，結集《四書》爲之集註，並以之取代《五經》之地位，對近七百年來東亞儒學思想史影響至深且鉅。我們如就朱子學術之內容試作分析，則可發現朱子之所以成爲公元十三世紀以後中國思想史上舉足輕重之思想家乃在於他能「因」襲舊學，

⑳見：《後漢書集解》（臺北：藝文印書館影印長沙王氏校刊本），「列傳第二十五」，頁十三，上。

綜羅漢魏先儒以迄北宋諸老之訓詁經義於一爐而治之。朱子治學貴在能「因」襲，故能創造，故朱子之學術就南宋以前之儒家言爲融舊鑄新，然就南宋以後之儒學傳統言則爲開宗立範。㉑

通觀中國文化史之常例，不僅創發性之思想家或歷史人物皆由於能因襲乃能創新，國史上大部份在文化上有重大發展之時代亦莫不因襲舊文化，求其變通，致其中和，並以此爲基礎開創新文化，寓開來於繼往，守先以待後也。

以上的討論實已蘊涵當前文化建設之基本方向，此即是：同歸古典儒家思想中源遠流長的人文主義傳統，並開創其時代意義，使之在現代生活中落實。此一方向之提出不僅因爲中國歷史源流悠久，歷史持續性特强，故言文化之建設非守舊不足以開新，非上溯既往不足以別創新局；更因爲儒學傳統中豐沛的人文精神在今日世局之中最能針對飽受工業文明洗禮的現代人求「跡」而不循「本」、蔽於「物」而不知「人」之文化弊病而有所矯治也。謹就此節再作進一步討論。

在中國文化史上，人文精神之萌芽當在周初，周人以「天命靡常」之觀念解釋其克商之成功，爲政治之活動奠定道德之基礎，並强調個人本身莊敬戒愼之努力而不純倚天道流行。此種人文精神至春秋時代而獲充分之發展，子產（公元前？——五二二年）所謂「天道遠，人道邇」，

㉑關於朱子在中國儒學史上承先啓後之歷史地位，參看：錢穆，《朱子新學案》（臺北：三民書局，民國六十年），第一册，「朱子學提綱」，頁二三—三五。

孔子以「未知生，焉知死」對弟子之問事鬼神㉒，皆顯示人文精神之成熟，孔子及古代儒家所建立之體系實為此種人文精神之完成。在這種以人文精神為中心的儒學體系中，人生的各方面皆得妥善的安頓。就人生哲學言，因道德價值根源於內心，故儒家承認人性本善，人有無限之向上超越性；就政治哲學言，則人本主義之信念使儒家深信人是政治活動之目的，政治之生活乃為人而施設；就社會哲學言，則儒家人文主義者信持成己成物不二之主張，認將個人德性之修為與社會之平治不析而為二。簡單地說，古典儒家的人文主義就是一種「把人當人」的思想，所以人性的價值與人性的尊嚴皆獲得肯定。

今日我們所處的是一個工業文明高度發達的社會，工業文明是人類近數百年來所創造的綜合體，其所涵蓋之方面甚廣，我們不可以一語概括。但是，至遲至十九世紀以後，工業文明中重數量及物質之傾向已甚為顯著，流風所及，現代人對人生、社會諸般問題之看法亦多從具體而可量度之層面契入，對屬於文化中之博厚高明之層次的問題較少措意。這是工業文明發展中的一個重要傾向，也是我們談論文化建設方向時所應關心的一個問題。而中國文化傳統中重人文的思想以及人本主義的信念在這種現代工業文明中正有其不可磨滅的價值。

我們如用馬一浮先生所創「跡本關係」㉓的觀念來引申上述說法，則近代工業文明中所關注

㉒《論語集註》，卷六，先進第十一，頁二，下—三，上。

㉓參考：馬一浮，《復性書院講錄》（臺北：廣文書局，民國六十年），全書各處均闡發此一概念，尤其是頁三八—四

的所謂「具體而可量度的」層次的現象與問題皆屬於馬先生所謂「跡」的範疇，只有那「博厚高明的」超越層次的問題才是屬於所謂「本」的範疇，而儒學人文主義傳統正可以爲我們對屬於「本」的範疇的思考提供不枯竭的源頭活水，使我們從本垂跡而不徒滯其跡也。

五、結　語

國父　孫中山先生早在民國九年一月二十九日於一封致海外同志書中對當時的文化運動即已有敏銳的觀察，他說：「吾黨欲收革命之成功，必有賴於思想之變化，兵法攻心，語曰革心，皆此之故。故此種新文化運動，實爲最有價值之事。」㉔從中國文化史的立場來看，國父所說的「新文化運動」是中國歷史上第三次的文化革新運動；第一次是從東漢末年至隋唐初年，約當公元二〇〇——六〇〇年之間；第二次從宋初至朱子逝世，約當公元一〇〇〇——一二〇〇年；第三次即是我們所處的這個時代㉕。今日我們所處的是一個中國文化重建的時代，如何更新傳統

〇：「論語大義二（書教）」一節辯析尤詳。

㉔見：《國父全集》（臺北：中華民國各界紀念國父百年誕辰籌備委員會，民國五十四年），第三册，「爲創立英文雜誌印刷機關致海外同志書」，玖，頁四五一—四五五，引文見頁四五三。

㉕此說本之於沈剛伯師，「前引文」，頁六。

再造文明是這個時代每一個中國人責無旁貸的任務。

在這個文化革新運動之中，「新舊調適」與「中西會通」這些大問題均以深切而著明的方式呈現出來，而使得當前文化建設事業具有特殊的歷史地位與文化意義，更具有特別的文化使命。這項使命從縱面的傳承言，使我們具有繼往開來的歷史感，使我們上對百代祖宗下對億萬子孫負起了文化傳承的任務；就其平面的擴展言，則使我們充滿民胞物與的社會感，對海內外所有中國人都有萬古常新的貢獻。

（本文原刊於《中華學報》，第八卷第一期，民國七十年一月）

滄海叢刊已刊行書目(七)

書名	作者	類別
牛李黨爭與唐代文學	傅錫壬	中國文學
增訂江皋集	吳俊升	中國文學
浮士德研究	李辰冬譯	西洋文學
蘇忍尼辛選集	劉安雲譯	西洋文學
文學欣賞的靈魂	劉述先	西洋文學
西洋兒童文學史	葉詠琍	西洋文學
現代藝術哲學	孫旗譯	藝術
音樂人生	黃友棣	音樂
音樂與我	趙琴	音樂
音樂伴我遊	趙琴	音樂
爐邊閒話	李抱忱	音樂
琴臺碎語	黃友棣	音樂
音樂隨筆	趙琴	音樂
樂林蓽露	黃友棣	音樂
樂谷鳴泉	黃友棣	音樂
樂韻飄香	黃友棣	音樂
色彩基礎	何耀宗	美術
水彩技巧與創作	劉其偉	美術
繪畫隨筆	陳景容	美術
素描的技法	陳景容	美術
人體工學與安全	劉其偉	美術
立體造形基本設計	張長傑	美術
工藝材料	李鈞棫	美術
石膏工藝	李鈞棫	美術
裝飾工藝	張長傑	美術
都市計劃概論	王紀鯤	建築
建築設計方法	陳政雄	建築
建築基本畫	陳榮美 楊麗黛	建築
建築鋼屋架結構設計	王萬雄	建築
中國的建築藝術	張紹載	建築
室內環境設計	李琬琬	建築
現代工藝概論	張長傑	雕刻
藤竹工	張長傑	雕刻
戲劇藝術之發展及其原理	趙如琳譯	戲劇
戲劇編寫法	方寸	戲劇
時代的經驗	汪琪 彭家發	新聞
書法與心理	高尚仁	心理

滄海叢刊已刊行書目㈥

書名	作者	類別
累廬聲氣集	姜超嶽	文學
實用文纂	姜超嶽	文學
林下生涯	姜超嶽	文學
材與不材之間	王邦雄	文學
人生小語㈠㈡	何秀煌	文學
兒童文學	葉詠琍	文學
印度文學歷代名著選(上)(下)	糜文開編譯	文學
寒山子研究	陳慧劍	文學
魯迅這個人	劉心皇	文學
孟學的現代意義	王支洪	文學
比較詩學	葉維廉	比較文學
結構主義與中國文學	周英雄	比較文學
主題學研究論文集	陳鵬翔主編	比較文學
中國小說比較研究	侯健	比較文學
現象學與文學批評	鄭樹森編	比較文學
記號詩學	古添洪	比較文學
中美文學因緣	鄭樹森編	比較文學
比較文學理論與實踐	張漢良	比較文學
韓非子析論	謝雲飛	中國文學
陶淵明評論	李辰冬	中國文學
中國文學論叢	錢穆	中國文學
文學新論	李辰冬	中國文學
離騷九歌九章淺釋	繆天華	中國文學
苕華詞與人間詞話述評	王宗樂	中國文學
杜甫作品繫年	李辰冬	中國 [illegible]
元曲六大家	應裕康 王忠林	[illegible]
詩經研讀指導	裴普賢	[illegible]
迦陵談詩二集	葉嘉[illegible]	[illegible]
莊子及其文學	黃錦[illegible]	[illegible]
歐陽修詩本義研究	裴[illegible]	[illegible]
清真詞研究	王[illegible]	[illegible]
宋儒風範	[illegible]	[illegible]
紅樓夢的文學價值	[illegible]盤	[illegible]
四說論[illegible]	萱 鸞	[illegible]
中國文學鑑賞[illegible]	[illegible]	[illegible]

滄海叢刊已刊行書目(五)

書名	作者	類別
往日旋律	幼柏	文學
現實的探索	陳銘磻編	文學
金排附	鍾延豪	文學
放鷹	吳錦發	文學
黃巢殺人八百萬	宋澤萊	文學
燈下燈	蕭蕭	文學
陽關千唱	陳煌	文學
種籽	向陽	文學
泥土的香味	彭瑞金	文學
無緣廟	陳艷秋	文學
鄉事	林清玄	文學
余忠雄的春天	鍾鐵民	文學
卡薩爾斯之琴	葉石濤	文學
青囊夜燈	許振江	文學
我永遠年輕	唐文標	文學
分析文學	陳啓佑	文學
思想起	陌上塵	文學
心酸記	李喬	文學
離訣	林蒼鬱	文學
孤獨園	林蒼鬱	文學
托塔少年	林文欽編	文學
北美情逅	卜貴美	文學
女兵自傳	謝冰瑩	文學
抗戰日記	謝冰瑩	文學
我在日本	謝冰瑩	文學
給青年朋友的信(上)(下)	謝冰瑩	文學
孤寂中的迴響	洛夫	文學
火天使	趙衛民	文學
無塵的鏡子	張默	文學
大漢心聲	張起鈞	文學
回首叫雲飛起	羊令野	文學
康莊有待	向陽	文學
情愛與文學	周伯乃	文學
湍流偶拾	繆天華	文學
文學之旅	蕭傳文	文學
鼓瑟集	幼柏	文學
[illegible]學邊[illegible]	[illegible]玉山	文學
[illegible]文藝[illegible]	[illegible]玉山	文學

滄海叢刊已刊行書目（四）

書名	作者	類別
精忠岳飛傳	李安	傳記
八十憶雙親合刊 師友雜憶	錢穆	傳記
困勉強狷八十年	陶百川	傳記
中國歷史精神	錢穆	史學
國史新論	錢穆	史學
與西方史家論中國史學	杜維運	史學
清代史學與史家	杜維運	史學
中國文字學	潘重規	語言
中國聲韻學	潘重規 陳紹棠	語言
文學與音律	謝雲飛	語言
還鄉夢的幻滅	賴景瑚	文學
葫蘆・再見	鄭明娳	文學
大地之歌	大地詩社	文學
青春	葉蟬貞	文學
比較文學的墾拓在臺灣	古添洪 陳慧樺 主編	文學
從比較神話到文學	古添洪 陳慧樺	文學
解構批評論集	廖炳惠	文學
牧場的情思	張媛媛	文學
萍踪憶語	賴景瑚	文學
讀書與生活	琦君	文學
中西文學關係研究	王潤華	文學
文開隨筆	糜文開	文學
知識之劍	陳鼎環	文學
野草詞	韋瀚章	文學
李韶歌詞集	李韶	文學
現代散文欣賞	鄭明娳	文學
現代文學評論	亞菁	文學
三十年代作家論	姜穆	文學
當代臺灣作家論	何欣	文學
藍天白雲集	梁容若	文學
思齊集	鄭彥棻	文學
寫作是藝術	張秀亞	文學
孟武自選文集	薩孟武	文
小說創作論	羅盤	文
細讀現代小說	張素貞	文

滄海叢刊已刊行書目（三）

書名	作者	類別
世界局勢與中國文化	錢穆	社會
國家論	薩孟武譯	社會
紅樓夢與中國舊家庭	薩孟武	社會
社會學與中國研究	蔡文輝	社會
我國社會的變遷與發展	朱岑樓主編	社會
開放的多元社會	楊國樞	社會
社會、文化和知識份子	葉啓政	社會
臺灣與美國社會問題	蔡文輝 蕭新煌 主編	社會
日本社會的結構	福武直 著 王世雄 譯	社會
財經文存	王作榮	經濟
財經時論	楊道淮	經濟
中國歷代政治得失	錢穆	政治
周禮的政治思想	周世輔 周文湘	政治
儒家政論衍義	薩孟武	政治
先秦政治思想史	梁啓超原著 賈馥茗標點	政治
當代中國與民主	周陽山	政治
中國現代軍事史	劉馥 著 梅寅生 譯	軍事
憲法論集	林紀東	法律
憲法論叢	鄭彥棻	法律
師友風義	鄭彥棻	歷史
黃帝	錢穆	歷史
歷史與人物	吳相湘	歷史
歷史與文化論叢	錢穆	歷史
歷史圈外	朱桂	歷史
中國人的故事	夏雨人	歷史
老臺灣	陳冠學	歷史
古史地理論叢	錢穆	歷史
秦漢史	錢穆	歷史
我這半生	毛振翔	歷史
三生有幸	吳相湘	傳記
弘一大師傳	陳慧劍	傳記
蘇曼殊大師新傳	劉心皇	傳記
當代佛門人物	陳慧劍	傳記
孤兒心影錄	張國柱	傳記

滄海叢刊已刊行書目(二)

書名	作者	類別
老子的哲學	王邦雄	中國哲學
孔學漫談	余家菊	中國哲學
中庸誠的哲學	吳怡	中國哲學
哲學演講錄	吳怡	中國哲學
墨家的哲學方法	鐘友聯	中國哲學
韓非子的哲學	王邦雄	中國哲學
墨家哲學	蔡仁厚	中國哲學
知識、理性與生命	孫寶琛	中國哲學
逍遥的莊子	吳怡	中國哲學
中國哲學的生命和方法	吳怡	中國哲學
儒家與現代中國	韋政通	中國哲學
希臘哲學趣談	鄔昆如	西洋哲學
中世哲學趣談	鄔昆如	西洋哲學
近代哲學趣談	鄔昆如	西洋哲學
現代哲學趣談	鄔昆如	西洋哲學
思想的貧困	韋政通	思想
佛學研究	周中一	佛學
佛學論著	周中一	佛學
現代佛學原理	鄭金德	佛學
禪話	周中一	佛學
天人之際	李杏邨	佛學
公案禪語	吳怡	佛學
佛教思想新論	楊惠南	佛學
禪學講話	芝峯法師	佛學
圓滿生命的實現（布施波羅蜜）	陳柏達	佛學
絕對與圓融	霍韜晦	佛學
不疑不懼	王洪鈞	教育
文化與教育	錢穆	教育
教育叢談	上官業佑	教育
印度文化十八篇	糜文開	社會
中華文化十二講	錢穆	社會
清代科舉	劉兆璸	社會
世界局勢與中國文化	錢穆	社會
國家論	薩孟武譯	社會
紅樓夢與中國舊家庭	薩孟武	社會
社會學與中國研究	蔡文輝	社會

滄海叢刊已刊行書目(一)

書名	作者	類別
國父道德言論類輯	陳立夫	國父遺教
中國學術思想史論叢(一)(二)(三)(四)(五)(六)(七)(八)	錢穆	國學
現代中國學術論衡	錢穆	國學
兩漢經學今古文平議	錢穆	國學
朱子學提綱	錢穆	國學
先秦諸子論叢	唐端正	國學
先秦諸子論叢(續篇)	唐端正	國學
儒學傳統與文化創新	黃俊傑	國學
宋代理學三書隨劄	錢穆	國學
莊子纂箋	錢穆	國學
湖上閒思錄	錢穆	哲學
人生十論	錢穆	哲學
中國百位哲學家	黎建球	哲學
西洋百位哲學家	鄔昆如	哲學
比較哲學與文化(一)(二)	吳森	哲學
文化哲學講錄(一)(二)(三)(四)	鄔昆如	哲學
哲學淺論	張康	哲學
哲學十大問題	鄔昆如	哲學
哲學智慧的尋求	何秀煌	哲學
哲學的智慧與歷史的聰明	何秀煌	哲學
內心悅樂之源泉	吳經熊	哲學
哲學與宗教(一)(二)	傅偉勳	哲學
愛的哲學	蘇昌美	哲學
是與非	張身華譯	哲學
語言哲學	劉福增	哲學
邏輯與設基法	劉福增	哲學
知識·邏輯·科學哲學	林正弘	哲學
中國管理哲學	曾仕强	哲學